Eisklettern

Eisklettern

Yvon Chouinard

Aus dem Englischen übertragen von Rosmarie Lackner
und Hans-Joachim von Zündt

CARTA-VERLAG · PFORZHEIM

Foto Seite 1: Tom Frost
Foto Seite 2: Kathy Ryan

Titel der Originalausgabe „Climbing Ice", Sierra Club Books, San Francisco, Kalifornien.

Gesamtherstellung: Stark Druck, Pforzheim
ISBN 3 – 88731-001-2
Printed in Germany

Meiner Mutter und meinem Vater, die mir die Freiheit gaben, meinen eigenen Weg zu gehen.

Die Südwand des Huandoy.
Nördliche Cordilliera Blanca, Peru
Foto Henry Kendall.

In seiner Jugend mag ein Bergsteiger damit zufrieden sein, seine Fähigkeiten an den heimischen Felsen zu entwickeln, und im Alter mag er Beglückung darin finden, die flüchtigeren Eindrücke und die zartere Romantik unserer alten und stillen Hügel zu genießen. In seinen Sturm- und Drang-Jahren sollte er jedoch im Kampf mit der ungestümen Jugend und kriegerischen Herausforderung der großen Gletscherregionen seine Kräfte messen, sein Können verfeinern und seine Triumphe feiern.

Geoffrey Winthrop Young

Inhalt

Vorwort

Wir haben es hier mit einem typisch amerikanischen Buch zu tun, das aus verschiedenen Gründen für den deutschsprachigen Leser höchst interessant ist. Dieses Buch ist mehr als bloß ein Lehrbuch – es stellt einen Spiegel der amerikanischen „Kletterkultur" dar.

Sucht man die Wurzeln der amerikanischen Kultur in Europa, so muß man zugeben, daß es jene Pioniere, die den Ausbruch aus den Konventionen Europas wagten – aus welchen Gründen auch immer – waren, die diese Wurzeln mit der ihnen eigenen Zielstrebigkeit zum Verschmelzen brachten und so eine amerikanische Kultur entstehen ließen.

Ähnliches gilt auch für die Entwicklung des amerikanischen Bergsteigens. Die Väter des amerikanischen Bergsteigens, sowohl in ethischer als auch in technischer Hinsicht stammen aus Europa: Konrad Kain, Johann Salathé, Fritz Wiesner . . .

Die Entwicklung in Europa war vorerst geprägt durch das alpinistische Können der Hirten und späteren Bergführer, die nicht aus eigenem Antrieb, sondern auf Geheiß Alpinismus betrieben. Dies prägte auch einen Stil, der nicht auf die Erfüllung des eigenen Vergnügens, sondern auf die Gewährleistung der Sicherheit der Klienten abgestimmt war.

Aber auch in der folgenden führerlosen Phase änderte sich nichts Wesentliches, galt es ja vorerst nur zu beweisen, daß man es auch ohne Führer schaffte.

In Amerika war die Ausgangssituation vollkommen anders. Bergsteigen wurde von Anfang an nur aus eigenem Antrieb, zum Vergnügen der eigenen Person betrieben. In einem Land, dessen Bewohner innerhalb einer einzigen Generation die grenzenlose, unberührte Weite des Landes für sich eroberten und gleichzeitig erfuhren, daß jede Situation technisch zu bewältigen ist, wurde die Suche nach dem „Eigenen" Wert in der Welt für eine Gruppe von Menschen überaus wichtig. Das Herantasten an die eigenen physischen und psychischen Grenzen war die logische Folge dieser Suche nach Identität. Das freiwillige Aufsichnehmen von Gefahren, Strapazen, Ängsten und Freuden wurde zum legalen und verkündeten Anspruch suchender, auf Individualität bedachter Menschen.

Das einzige wirkliche Gesetz, dem sich der amerikanische Alpinismus bis heute mit wenigen Ausnahmen unterworfen hat, wurde bereits von John Muir, dem Gründer des Sierra Clubs um die Jahrhundertwende postuliert: „Der Mensch soll sich aus eigener Kraft und möglichst ohne Spuren zu hinterlassen in der Wildnis bewegen."

Mit den aus Europa übernommenen Klettertechniken, aber auf John Muirs Gedankengut und der Erkenntnis, daß der Mensch für SICH klettert, basierend, setzte eine Entwicklung ein, die eine „Szene" schuf, die heute für die übrige alpinistische Welt immer mehr an Bedeutung gewinnt. Eine Szene, in der Hilfsmittel jeglicher Art immer als eine, im Sinne John Muirs, Krücke, der man sich sobald man kann entledigen soll, angesehen wurden. Eine Szene, die jedoch jedem das Erstellen seiner eigenen Spielregeln überläßt, da ja der Einzelne für seine Verwirklichung klettert, wandert oder sich sonstwie in der Natur bewegt.

Eine Bedeutung dieses Buches liegt darin, daß es aufzeigt, wie durch das Zusammenfügen sämtlicher europäischer Eisklettertechniken und das Anpassen an die klimatischen Verhältnisse Amerikas sowie an die amerikanischen Motivationen eine neue Dimension des Bergsteigens entstand.

Wie sehr sich die amerikanische Einstellung zum Bergsteigen von der europäischen unterscheidet, wird schon durch den Originaltitel des Buches zum Ausdruck gebracht: „Climbing Ice." Hier wird nicht der Gegenstand, der Ort des Tuns zuerst angeführt, sondern die Tätigkeit – das Klettern – steht im Vordergrund. Die Art und Weise, in der man sich bewegt wird betont, denn durch die Bewegung erschließt man sich das Bergerlebnis. Dieser Unterschied läßt die Betrachtung vieler alpiner Problematiken, vor allem in den Bereichen der Tourenplanung und Sicherheit, in einem völlig neuen Licht erscheinen. Wo hat man je formuliert gefunden, daß man erst dann in Eiswände einsteigen soll, wenn diese blankes Eis aufweisen, denn dann hat man erst wirklich Vergnügen beim Klettern? Oder wo findet man sonst noch die Empfehlung, daß es in gewissen Situationen, wenn das eigene Können und das Gelände dementsprechend zueinander passen, höchst vergnüglich und legitim ist, auf dem Hosenboden einen Schneehang abzurutschen?

Genau an diesem Punkt rüttelt dieses Buch ganz gewaltig an der alpinen Lehrmeinung des deutschsprachigen Raumes, vor allem im Bereich der Sicherungs- und Anseilarten. Hier wird aufgezeigt, daß man Probleme auch aus einem anderen Blickwinkel betrachten kann und damit auf eine andere Art nach ihren Lösungen suchen wird.

Hat man sich einmal von unserem Dogmendenken gelöst, kann man Yvon Chouinards Standpunkte durchdenken, sie mit den unseren vergleichen und sich selbst ein Urteil bilden, das für sich Gültige heraussuchen. Wie in allen Bereichen des menschlichen Lebens ist auch am Berg nicht alles Schwarz oder Weiß. Was für den Meister im Eis gilt, muß nicht immer für den Anfänger richtig sein und umgekehrt.

Möge dieses Buch vielen Lesern Einblick in die amerikanische Kletterkultur bieten und einige Denkanstöße geben, sowie sie in die bei uns noch nicht allzu populäre Kunst des Eiskletterns einweihen.

Erich Lackner, Wien

Eigentlich wollte ich dieses Buch schon im Jahre 1972 veröffentlichen, dann 1973 und 1975... Aber immer wieder schob ich die Veröffentlichung hinaus, weil ständig neue Überarbeitungen notwendig wurden, um mit der rasanten Entwicklung in der Kunst des Eiskletterns Schritt halten zu können. Eine der Schwierigkeiten, über etwas zu schreiben, das sich weiterentwickelt, besteht darin, daß man stets das Gefühl hat, nie wirklich fertig zu sein. Umwälzungen auf dem Gebiet des Eiskletterns finden weiterhin statt. Aber ich glaube, daß die meisten der vorhandenen Techniken auch in zehn Jahren noch in Gebrauch sein werden, und ich hoffe, daß ein großer Teil dieses Buches auch dann noch Gültigkeit haben wird. Es werden jedoch große Veränderungen in der Ausrüstung, insbesondere in der Hardware und bei den Geräten eintreten. Deshalb habe ich es vermieden, allzu großes Gewicht auf die Beschreibung spezieller Ausrüstungsgegenstände zu legen. Wenn jemand die Technik wirklich beherrscht, dann wird es ihm in keinem Falle schwerfallen, von einem Gerät auf das andere zu wechseln. Die meisten Leute beginnen heute mit dem Eisklettern, nachdem sie schon ausreichend Kenntnisse auf dem Gebiet des Felskletterns erworben haben. Aus diesem Grunde habe ich dieses Buch nicht für Kletter – Anfänger geschrieben. Die Technik des Eiskletterns hat ihre eigenen Regeln und Gesetze. Wollte man deshalb dieses Buch als allgemeines Lehrbuch des Bergsteigens benützen, so müßten erhebliche Wissenslücken, insbesondere bei den Grundbegriffen der Seilbedienung und der Sicherungstechnik entstehen.

Bis in die siebziger Jahre waren die Länder, in denen Schnee- und Eisklettern praktiziert wurde, in zwei Lager gespalten. Die einen benutzten nur die Technik, bei der die Fußfläche flach auf den Hang aufgesetzt wird (französische Steigeisentechnik oder auch Eckensteintechnik genannt). Die anderen kletterten in der Frontalzackentechnik. Beide Kletterschulen hatten einen gleichermaßen hohen Entwicklungsstand, aber keine von beiden war bereit, den Wert der anderen Technik anzuerkennen. Es ist durchaus möglich, daß jemand alle seine Eiskletterein bewältigt, indem er nur eine dieser Techniken anwendet – dies wird von vielen praktiziert-, aber dies wäre sicherlich weder effizient, noch würde dies ein besonderes Erlebnis vermitteln. Es wäre, wie wenn man nur einen einzigen Tanz beherrschen würde. Wenn die Musik wechselt, tanzt man zwar weiter, aber ziemlich aus dem Takt. Wie bei vielen Dingen liegt auch hier die Wahrheit in der Mitte. Heutzutage kennen und verwenden die besten Eiskletterer beide Steigeisentechniken.

In diesem Buch behandle ich alle gebräuchlichen Methoden des Schnee- und Eiskletterns und habe darüberhinaus versucht, sie in ihrer richtigen Gewichtung darzustellen. Aus Gründen der Klarheit wird jede Technik einzeln und in ihrer reinsten Form beschrieben, obwohl man in der Praxis nicht immer mit nur einer einzigen Technik klettert. So ist zum Beispiel ein Richtungswechsel im steilen Eis bei Anwendung der französischen Technik viel leichter, wenn man über die Frontalzacken dreht, anstatt die Fußgelenke zu überanstrengen, um nur ja alle Zacken im Hang halten zu können. Und doch wird man, wenn man jede dieser Techniken in ihrer reinen Form erlernt, schnellere Fortschritte machen, als wenn man zu schnell einige Lernschritte überspringt. Zeit und Erfahrung werden dann alle diese einzelnen Techniken zu einem eigenen, persönlichen Kletterstil verschmelzen. Kein Buch sollte versuchen, dies vorwegzunehmen. Als ich vor acht Jahren mit der Arbeit an diesem Buch begann, hätte ich mir nie träumen lassen, daß es eine derartige Sisyphusarbeit werden würde. Einmal schrieb ich an dem Manuskript in einem wahren Anfall von Arbeitswut. Dann folgten wieder lange Pausen, in denen sich Faulheit, Frustration und Schuldgefühle das Gleichgewicht hielten. Und das alles über Jahre hinweg. Klettern ist immer einfach für mich gewesen; Schreiben äußerst schwierig. Jedes Wort muß ich mir aus dem Leib schwitzen. Es kommt einfach nicht von selbst.

Mein Freund Dan Doody hat mich einmal davor gewarnt, was es bedeutet, ein Buch zu schreiben. Er war gerade von einem abenteuerlichen Jahr in Südamerika zurückgekommen, wo er sowohl eine neue Führe am Chacraraju in Peru eröffnet, als auch einige unbekannte Flüsse im Dschungel erforscht hatte. Er schrieb mir von der Farm seiner Eltern in Connecticut: „Ich bin für die nächsten vier Monate hier eingesperrt und schufte jeden Tag acht bis zehn Stunden an diesem verdammten Buch. Es ist kaum zu glauben, daß ich noch vor ein paar Wochen in meinem Einbaum inmitten des Amazonas gesessen bin, gemeinsam mit einer braunen Schönheit, die nur ein Hemd trug, dessen Fasern sie selbst gesponnen und gewebt hatte. Ich bin zu dem Entschluß gekommen, daß dieses Herumhocken und die ganze Schreiberei eine einzige Scheiße ist. Das Einzige, was dabei zählt, ist die Selbstdisziplin."

Ja Dan, diese Worte haben mich immer wieder über die Momente hinweggebracht, in denen ich mich auch vor der Arbeit drücken wollte. Vielleicht klettere ich nur deshalb, um mich für die Mühsal des Schreibens geistig und körperlich vorzubereiten!

Sicherlich wäre meine Arbeit ohne die Hilfe einiger Freunde wesentlich schwieriger gewesen. Doug Robinson hat mir viel beim Schreiben geholfen. Dankbar bin ich André Contamine, der mich durch seine Aufsätze in verschiedenen Zeitschriften für die französische Steigeisentechnik begeisterte.

Dank schulde ich ebenso John Cunningham, der mich auf viele einfallsreiche Techniken hinwies, die er in über dreißig Jahren Kletterpraxis erarbeitet hatte, und besonders dafür, daß er mich in die Feinheiten des Frontalzackengehens einführte.

Mike Moore, der früher bei der „Mountain Gazette" war, arbeitete von Anfang bis zum Ende an der Ausstattung dieses Buches mit. Viele haben mir ihre wertvollen Fotos geliehen, von denen ich einige jahrelang nicht zurückgegeben habe. Ihnen möchte ich besonders für ihr Vertrauen und für ihre Geduld danken.

Ich entschuldige mich bei Ed LaChapelle, aus dessen Arbeiten über Lawinenkunde ich so vieles entnommen habe.

Wenn ich in dem Kapitel über Geschichte Personen oder Ereignisse ausgelassen habe, die es mindestens ebenso verdient hätten, erwähnt zu werden, so geschieht dies nur aus meiner Unwissenheit oder aus der Notwendigkeit, mich kurz zu fassen.

Yvon Chouinard
November 1977

Foto Tom Frost

Die Geschichte und die Tradition des Kletterns waren immer wichtig für mich, und ich habe für gewöhnlich eine hohe Achtung vor den Leistungen der Bergsteiger, die mir vorangingen. Wenn ich eine klassische Route, die viele Jahre zuvor erstbegangen wurde, wiederholte, war ich oft erstaunt über die Schwierigkeiten und die hohen Anforderungen, die sie stellte. Eine Führe, die schon einmal ohne die Hilfe moderner Hardware, ohne Führerhandbuch und ohne vorheriges Spezialtraining begangen wurde. Und darüberhinaus hatten die Erstbegeher noch die größte aller Belastungen zu tragen: die Furcht vor dem Unbekannten. Als Leitbilder für meine Kletterlaufbahn wählte ich mir Helden aus wie John Salathé, Emilio Comici, Jack Durrance und André Contamine. Aber da wir nun einmal einer neuen, „heißen" Generation angehörten, konnten meine Kameraden und ich in neue Gebiete fahren, die Klassiker in Rekordzeit wiederholen und kurz bevor wir wieder heimfuhren, eine oder auch zwei neue Führen eröffnen, die natürlich schwieriger als die klassischen waren. So kam es, daß wir oft nicht allzuviel Respekt vor den bestehenden Maßstäben hatten. Besonders nicht vor solchen

12

Routen, die von Bergsteigern gemacht worden waren, deren Namen uns unbekannt waren. Der Mount Alberta hat den Ruf, der schwierigste Gipfel in den kanadischen Rockies zu sein. Die Erstbesteigung durch zwei Schweizer, die eine Gruppe Japaner anführten, datiert bis ins Jahr 1925 zurück. 1958 war er erst dreimal bestiegen und verbreitete immer noch eine Aura der Unberührtheit um sich. Ken Weeks und ich waren einige Monate im Yosemite und in den Tetons geklettert und befanden uns deshalb in Hochform. Nun planten wir, den Mount Alberta nicht nur zu bezwingen, sondern dies sogar über einen neuen Anstieg zu versuchen: einen hohen, steilen Eisabbruch, der zu einem leichten, aber reizvollen Schneegrat führte.

Der Sunwapta ist einer der schlimmsten Flüsse, die man in den Rockies zu überqueren hat; er ist eiskalt, breit und reißend. Da er aus Gletschern und Schneefeldern gespeist wird, kann man ihn nur am frühen, kalten Morgen überqueren. Weeks und ich waren in diesem Sommer wirklich arm dran. Für drei Monate hatten wir nichts anderes zu essen, als sechzig Pfund Kartoffeln und Karotten und einen Sack Mehl, den wir aus einem ehemaligen Basislager des kanadischen Alpenclubs organisiert hatten. Aber gerade unsere superschweren Rucksäcke verhinderten, daß wir beim „Übersetzen" über den Fluß jämmerlich abgetrieben wurden.

Später erwies sich der Habel Creek als ein unüberschaubarer Irrgarten aus Buschwerk und Geröllhalden. Ich weiß nicht mehr, wie oft wir ihn hin und her überschritten. Am zweiten Tag erreichten wir endlich spät am Nachmittag den Gletscher am Fuße des Berges.

Es war das erste Mal, daß wir auf einem echten Gletscher waren, und da es der einzige ebene Platz weit und breit war, stellten wir unser Zelt mitten auf dem Gletscher auf. Dafür wurden wir die ganze Nacht wachgehalten, weil Risse mit lautem Krachen und Schnappen genau unter unseren Schlafsäcken aufsprangen. Wir waren zu Tode erschrocken, weil wir nicht wußten, ob sich die Risse nicht zu einer riesigen Spalte öffnen würden!

Wir wollten unsere Route in ganz vorbildlichem Stil machen, und so starteten wir in voller alpiner Ausrüstung, was für einen Yosemitekletterer etwas wirklich Außergewöhnliches ist. Den ganzen Tag über stiegen wir mit unseren Steigeisen kleine Eisabbrüche hinauf und hinunter, bepflasterten von unten bis oben Séracs mit Stufen und sprangen über Spalten, wie wir es auf Fotos von Bob und Ira Spring gesehen hatten. Endlich waren wir richtige Alpinisten! Auf dem mit Firn bedeckten Gipfelgrat gingen wir gleichzeitig und hielten Seilschlingen genauso in der Hand wie Gaston Rébuffat in seinem Buch. Die letzten hundert Meter zum Gipfel rannten wir buchstäblich. Im Gipfelbuch in der Blechbüchse stand: „Mount Woolley, 3355 Meter". Drüben im Westen, kaum sichtbar durch die aufziehenden Sturmwolken, lag der gewaltige, bedrohliche Mount Alberta.

1
Kurze Geschichte der Eistechnik

Die frühen Jahre

Vielleicht ist das Eisklettern älter als die westliche Zivilisation. Aquarelle aus China, der Wiege der Kultur, zeigen, daß schon Menschen im vierten Jahrhundert vor Christi Geburt Felsen erkletterten. Wer mag da zu sagen, ob Han Shan, ein wahnsinniges Mitglied der Tang-Dynastie, der seine Gedichte in Felsenwände meißeln ließ, nicht auch im Mondschein auf dem Eis draußen wandelte? Wir werden es nie erfahren.

Sicher wissen wir, daß die ersten Vorstöße in das Eis, deren Vermächtnis wir noch spüren, von mittelalterlichen Schafhirten aus den Alpen unternommen wurden, die mit Hilfe von dreizackigen Steigeisen, Stöcken mit Eisenspitzen und vielleicht einer Holzfälleraxt, die dazu diente, Stufen zu schlagen, Pässe überqueren. Die ersten Fremden, die anscheinend diesen groben Techniken Beachtung schenkten, waren die Engländer, die zu Beginn des neunzehnten Jahrhunderts scharenweise in die Dörfer des Hochgebirges strömten. Die englischen Herrschaften begannen, eine ganz eigenartige Leidenschaft für die Berge zu entwickeln. Bald fanden nun die Schafhirten heraus, daß es mehr einbrachte, Gentlemen zu hüten, als ihre Schafe. So wurden aus den Schäfern Führer, ihr Stock und ihre Axt verschmolzen zu einem Gerät, das zugleich Schlagwerkzeug und Spazierstock war. Diese „Eisaxt", der Vorläufer des heutigen Eispickels, führte unsere Schäfer, deren Fertigkeiten und Selbstvertrauen ständig wuchsen, gemeinsam mit ihren tweedbekleideten Schützlingen über zahlreiche Schnee- und Gletscherrouten, die dann später als die echten „Klassiker" anerkannt wurden.

Mitte des neunzehnten Jahrhunderts war die „Himmelsleiter"-Periode voll im Gang; die Führer schlugen Hunderte von großen Stufen in Schneetouren, damit ihren Klienten nur ja kein Schaden zustieß. Eine beispielhafte Besteigung jener Zeit war die des Brenva-Sporns am Mont Blanc im Jahre 1865 durch die Führer Jakob und

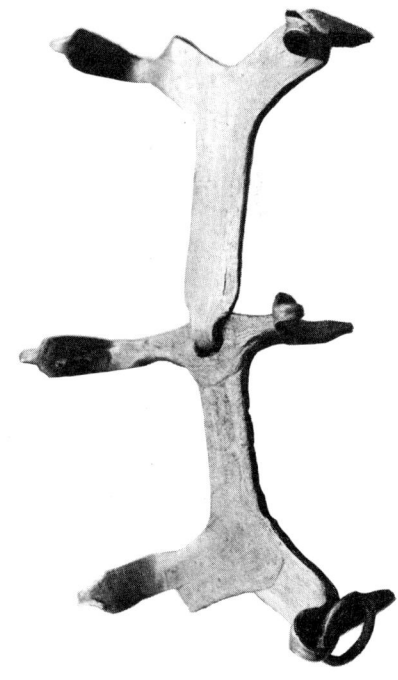

Ein altes, handgeschmiedetes Steigeisen. Gegenüber das Diamond Couloir am Mount Kenia. Foto: Tom Frost.

15

Melchior Anderegg und ihre Begleiter. Diese Route war technisch nicht schwieriger als andere zu jener Zeit. Aber sie brachte den psychologischen Durchbruch, denn die Schlüsselstelle bestand aus einer Barriere labiler Eisblöcke am Ende einer langen, einsamen Route.

Diese Zeit des Stufenschlagens, die in der zweiten Hälfte des neunzehnten Jahrhunderts zu voller Blüte kam, war gleichzeitig das goldene Zeitalter des Führerbergsteigens. Kein Gentleman machte sich ohne seinen Führer in die Berge auf. (Manchmal kamen sogar drei oder vier Führer auf einen „Herrn"!) Immer war auch ein Träger zur Hand, der den Weißwein für die Gipfelrast brachte. Letzten Endes blieb es den Führern überlassen, die Route zu finden und Stufenleitern zu schlagen. Dies erforderte jene brutale Kraft, über die die feinen Herren normalerweise nicht verfügten. In der Praxis führte das zu solchen Auswüchsen, daß Christian Klucker einmal, um die für den nächsten Tag vorgesehene Besteigung des Badile Couloirs für einen Klienten vorzubereiten, eine ununterbrochene Folge von Stufen dort hinauf schlug, die Besteigung dann aber nie stattfand.

Der berühmte Führer Christian Klucker aus dem Engadin. Aufgenommen von J. Gabrell 1922.

Klucker wird sich wohl nicht viel daraus gemacht haben, denn anders als die meisten Führer war er ein begeisterter Kletterer und ganz gewiß der hervorragendste Bergsteiger seiner Zeit. Seine beiden größten Besteigungen, die Nordwände von Piz Roseg und Lyskamm, werden auch heute noch als ernsthafte Unternehmungen angesehen.

Gegen Ende des Jahrhunderts entstand ein neuer Stil des Bergsteigens, dessen Vorläufer Alfred Mummery war. Seine Laufbahn war in vieler Hinsicht glänzend, was schon einmal damit begann, daß er das Führerbergsteigen ablehnte (erste führerlose Besteigung des Mont Blanc über den Brenva-Sporn). Bei seinem Versuch, die Aiguille du Plan zu ersteigen, ging er einen solch steilen Eishang an, daß er, um beim Stufenschlagen nicht das Gleichgewicht zu verlieren, für die Hände Griffe schlagen mußte. Mummery war jedoch in erster Linie ein Felskletterer, was dem allgemeinen Trend an der Jahrhundertwende entsprach, als sich die Elite der Bergsteiger dem Felsklettern zuwandte. Die Briten betrieben an ihren heimischen Felsen das Felsklettern nun nicht mehr zu reinen Übungszwecken, sondern hatten es zum Selbstzweck erhoben. In Deutschland eröffnete im Jahre 1910 ein ausgewanderter Amerikaner, Oliver Perry-Smith, sehr schwierige und ungesicherte Felskletterein im Sandstein. Der unbeständige Schnee und das oft gefährliche Eis, die ermüdendes Stufenschlagen erforderten, traten zu Gunsten des Felsens in den Hintergrund, was sowieso der Urform des Kletterns am ehesten entsprach – dem Affen, der sich von Ast zu Ast schwingt.

Die Europäer, die am Fuße der Alpen lebten, schien es nicht wirklich zu berühren, daß nun an ihrer Stelle die Felsakrobaten im Mittelpunkt des Interesses standen. Die englischen Herren hatten etwas begonnen, und nun würden es die französischen, deutschen, schweizer und österreichischen Kletterer fortsetzen. Die Gipfel waren zwar erreicht, die mühsamen und langen Schneetouren begangen, aber da blieben noch Grate und Wände, die steiler waren, härteres Eis aufwiesen und darauf warteten, bestiegen zu werden.

Während dieser Jahre wurde das schwere und unhandliche Gerät, das dazu gedient hatte, so viele Stufen zu schlagen, wesentlich verbessert. Die Schneide der „Eisaxt", die Schaufel des heutigen Pickels, wurde um 90 Grad gedreht, der Stil verkürzt, um ein ausgewogenes Schwingen zu ermöglichen.

Um der Schlüpfrigkeit des Eises zu begegnen, befestigen sie an ihren Füßen Schuhe, die Hufeisen gleichen und aus denen drei Nägel herausschauen, sodaß sie sicher stehen können. An manchen Stellen benutzen sie Stangen mit Eisenspitzen, mit deren Hilfe sie steile Hänge ersteigen. Diese werden Alpenstangen genannt und sind hauptsächlich bei den Schäfern in Gebrauch.

– Simler, 1574

Renaissance

Eine durchgreifende Entwicklung veränderte im Jahre 1908 das Schnee- und Eisklettern grundlegend: Ein Engländer namens Oskar Eckenstein schuf ein zehnzackiges Steigeisen. Ebenso wie die des Pickels, ist auch die Idee des Steigeisens nicht urplötzlich einem viktorianischen Gehirn entsprungen; Schafhirten verwendeten schon mit Nägeln gespickte Hufeisen, und Grödeln waren gegen Ende des neunzehnten Jahrhunderts weithin bekannt. Die neuen Steigeisen von Oskar Eckenstein wurden von den viktorianischen Bergsteigern abgelehnt, weil sie der Ansicht waren, diese neue Entwicklung sei ein unfaires und unsportliches Mittel beim Besteigen eines Berges. Diese Haltung mag zwar heute unglaublich erscheinen, aber schon damals warf die heutige Problematik ihre Schatten voraus. Heute nehmen wir die Berge in gummibesohlten Schuhen in Angriff, eine natürliche Folge der Konzentration auf das Felsklettern. Diese Schuhe greifen im Fels und ebensogut auch noch im weichen Schnee. Aber sie werden umso unbrauchbarer, je härter und steiler ein Schneehang wird. Die viktorianischen Bergsteiger trugen Nagelschuhe, mit denen sie auf rutschigem Schnee mühelos weiterkamen, standen stundenlang zuversichtlich in luftigen Stufenleitern hinter ihrem stufenschlagenden Führer. Welchem Zweck sollten in ihren Augen noch längere Nägel dienen? Für sie war es genauso selbstverständlich, in steilen Felspassagen ihre Nagelschuhe abzulegen und in Socken zu klettern, wie es für uns selbstverständlich ist, auf fest gefrorenem Schnee Steigeisen anzulegen. Eckenstein schrieb: „Wie die meisten britischen Bergsteiger habe ich den Gebrauch dieser unschätzbaren Hilfsmittel lange verschmäht, was ausschließlich auf Unwissenheit und Vorurteile zurückzuführen ist. Aber ich wurde eines Besseren belehrt..." Die ablehnende Haltung der Viktorianer war darauf zurückzuführen, daß sie unfähig waren, zu begreifen, daß Steigeisen nicht nur irgendwelche Nägel unter den Füßen darstellten, sondern daß sie die Möglichkeit boten, auf Stufenschlagen zu verzichten. Die übermüdeten und überstrapazierten Führer haben dies aber sehr bald erkannt. Eckenstein behauptete tatsächlich, auf Grund seiner Steigeisen nie mehr als zwanzig Stufen in seiner Bergsteigerlaufbahn geschlagen zu haben.

Schließlich setzten sich Eckensteins Steigeisen doch durch. Eckenstein war der erste, der eine Steigeisentechnik entwickelte, bei der die ganze Fußsohle flach aufgesetzt wird. Diese Technik wird heute als „französische Technik" bezeichnet, obwohl viele Kletterer sie auch „Eckensteintechnik" nennen. Eckenstein behauptete von sich, 70 Grad steiles Eis ohne jegliche andere Hilfsmittel ersteigen zu können, wobei aber zweifelhaft bleibt, wie sehr er in Bezug auf den Neigungswinkel des Hanges und dessen tatsächliche Härte übertrieben hat (sogar heute gibt es international gesehen noch beträchtliche Auffassungsunterschiede des Begriffes „Eis".).

Jacques Lagarde an der Tür zur alten Argentière Hütte.

Während nun die Engländer ihr Felsklettern pflegten, zog die französischen Bergsteiger der Gedanke, steilen Schnee und steiles Eis mit Steigeisen zu begehen, immer mehr in seinen Bann. Die neue Steigeisentechnik eignete sich so hervorragend für die gewaltigen Eiswände der französischen Alpen, daß die Franzosen daraus etwas entwickelten, das auch heute noch als die feinste und anmutigste Form des Eiskletterns gilt. Ihnen standen nicht nur Ecksteins Steigeisen, sondern auch eine andere seiner Entwicklungen, der erste, funktionell kurze, leichtgewichtige Eispickel – er war 86 Zentimeter lang, was zwei Dritteln der Länge eines bis dahin üblichen Pickels entsprach – zur Verfügung.

Nun begann die fruchtbarste Epoche des Eiskletterns. Von der Erfindung der neuen Eisen bis in die 30er Jahre wurden Hunderte neuer, langer Führen in den gewaltigen Eiswänden der Alpen eröffnet. Diese Routen wurden der Inbegriff dessen, was man unter alpinem Bergsteigen versteht.

Hans Lauper war der letzte der großen Führer, der in der alten Tradition aufgewachsen war, und er sollte der erste sein, der die großen Wände der Westalpen in Angriff nahm. Es gelang ihm, zwischen 1915 und 1932, 18 bedeutende Erstbesteigungen durchzuführen, darunter die Nordwände des Lyskamms, des Mönchs und der Jungfrau. Er erstieg auch die schöne und schwierige Route in der Nordostflanke des Eiger, die heute seinen Namen trägt. In den französischen Alpen trieben Jacques Lagarde und Henry de Segnone als erste die Ecksteintechnik bis an ihre äußersten Grenzen. 1926 gelang ihnen die extrem schwierige Nordwand der Aiguille du Plan, an der sich schon Mummery versucht hatte. Diese steile Wand aus Wassereis ist seither nur einige Male wiederholt worden. Gemeinsam mit Camille Devouassoux erkletterte 1928 Armand Charlet, der Führer aus Argentière, die schwierige Nant Blanc Flanke der Aiguille Verte. Charlet sollte bis in die späten 40er Jahre der führende französische Eiskletterer bleiben. Vor allem er war es, der zur Entwicklung der klassischen Steigeisentechnik am meisten beitrug.

In den 30er Jahren verlagerte sich der Schwerpunkt des Geschehens in die Ostalpen und das kombinierte Klettern trat stärker in den Vordergrund. Das Zentrum der Aktivitäten war München, wo nahe liegende Klettergärten es ermöglichten, sich vor und nach der Arbeit im Fels zu üben. In der Folge wurden die Münchner hervorragende Felskletterer. In ihren Ferien radelten sie durch die Alpen und „pickten sich die Rosinen aus dem Kuchen". So stiegen die Brüder Schmidt an einem Sommertag im Jahre 1931 in Zermatt von ihren Fahrrädern, zogen los und bezwangen die Nordwand des Matterhorns. Das erste der drei berühmten „letzten großen Probleme" der Alpen war damit gefallen. Riccardo Cassin und seine Seilgefährten

Oben, Hans Lauper.
Foto Mountain Magazine.
Unten, eine seltene Aufnahme von Armand Charlet, der die „Charlet Technik" auf dem Bosson Gletscher, Mont Blanc, demonstriert.
Foto J. Minster.

Willo Welzenbach am Nanga Parbat.

lösten kurz darauf das nächste: den Walkerpfeiler an der Grandes Jorasses. Jetzt blieb nur noch die Nordwand des Eiger übrig, jahrelang ein Münchner Monopol; 1938 wurde schließlich auch sie erstiegen.

Die Nordwand-Ära brachte viele große Kletterer hervor. Willo Welzenbach aus München war jedoch der wirkliche Genius dieser Zeit. Wie die meisten bayrischen Kletterer, begann er ursprünglich als ein hervorragender Felskletterer. Aber ähnlich wie Lagarde und Charlet, bevorzugte er später kombinierte Fels- und Eistouren. Seine ersten großen Erfolge verzeichnete er 1924 an der Nordwestwand des Großen Wiesbachhorns. Dies war die schwierigste, bisher in den Ostalpen begangene Eistour.

Drei Jahre lang war Welzenbach stark behindert, weil seine Arme infolge einer Tuberkulose geschwächt waren. Nach mehreren Operationen blieb sein rechter Arm teilweise gelähmt, was ihn aber nicht daran hinderte, im Jahre 1930 zu den größten Wänden des Berner Oberlandes zurückzukehren und die Nordwand des Großen Fiescherhorns zu besteigen. In den nächsten drei Jahren gelangen ihm die Erstbesteigungen weiterer fünf der größten Wände im Oberland. 1931 bestiegen er und Willi Merkl die steile Nordwand der Grands Charmoz. Auf halber Höhe brach ein furchtbarer Sturm los. Da sie sich weigerten, abzusteigen, warteten sie das Schlimmste ab und stiegen unter schwierigsten Bedingungen weiter, um am vierten Tag endlich den Gipfel zu erreichen.

1932 war Welzenbachs größtes Jahr. In der Nordwand des Großhorns war ein Gipfelsieg nur nach zwei Biwaks und nach dem Schlagen einer ununterbrochenen 1200 Meter hohen Stufenleiter möglich. Im gleichen Jahr erstiegen Welzenbach, Alfred Drexel und Erich Schulze die Nordostwand des Gspaltenhorns. Sie seilten sich nicht an, um schneller und sicherer vorwärtszukommen, da große Steinschlaggefahr bestand, und der brüchige Fels nur spärliche Sicherungsmöglichkeiten bot. An einem regnerischen Nachmittag ein oder zwei Tage später nahmen sie dann die unberührte Nordwand des Gletscherhorns in Angriff. Sie ertrugen ein hartes Biwak und erreichten während eines weiteren Sturmes am nächsten Nachmittag den Gipfel. Vier Tage später erstieg Welzenbach, gemeinsam mit Schulze, die Nordwand des Lauterbrunner Breithorns. An acht Schlechtwettertagen waren ihm damit die Erstbesteigungen von drei gefährlichen und äußerst schwierigen Nordwänden gelungen. Nicht die Länge und Schwierigkeit der Routen machte die Größe dieser Zeit aus, sondern die Art ihrer Durchführung. André Roch und Robert Greloz bestiegen beispielsweise die Nordwand der Triolet ohne jegliche Sicherung; Laupers Route am Eiger wurde auf die gleiche Art gemacht. Gelegentlich bringt auch heute der Führende keine Zwischensicherungen an, weil deren Anbringung prekärer

wäre als weiterzugehen; heutzutage überlassen wir die absolute
Sicherheit einem zuverlässigen Perlonseil. Die Pioniere benutzten
aber Hanfseile, und deren „absolute Sicherheit" bestand in der
Maxime „der Führende darf nicht stürzen".

Während dieser Zeit veränderte sich die technische Ausrüstung. Fritz
Riegele entwickelte spezielle Haken für die Anwendung im Eis, die
erstmals 1924 bei Welzenbachs Besteigung des Großen Wiesbachhorns eingesetzt wurden. 1932 erweiterte Laurent Grivel die damals
üblichen zehnzackigen Steigeisen um zwei Frontalzacken. Die deutschen und österreichischen Kletterer nahmen diese Zwölfzacker mit
Begeisterung auf. So erstiegen z. B. einmal zwei verschiedene
Seilschaften das Whymper Couloir an der Aiguille Verte. Während
die eine Gruppe mühsam Stufen schlug, wurde sie zu ihrem großen
Erstaunen von der anderen, die die neuen Eisen trugen (ihr gehörte
Grivel an), schnell überholt. Kurz nachdem Grivels Steigeisen her-
auskamen, machten sich österreichische Eiskletterer daran, einen
Steg quer über das Gelenk des Eisens zu schweißen, um es zu
versteifen und somit für das härtere Eis der Ostalpen geeigneter zu
machen. Aber diese technischen Fortschritte änderten nichts an der
Opferbereitschaft, mit der sich Kletterer bei schlechtem Wetter, mit
unzuverlässigen Hanfseilen, ohne Daunenausrüstung (nur wollene
Kleidung und Kartoffelsäcke zum Biwakieren!) und natürlich ohne
Helme oder Zuhilfenahme von Fixseilen auf die Wände der Alpen
stürzten. In der Mitte der 30er Jahre erreichte dieses goldene Zeitalter
der Nordwandbesteigungen ein Ausmaß an Kühnheit und Einsatz-
willen, die es vielleicht nie wieder geben wird.

1943 gelang dem jungen französichen Kletterer Lionel Terray eine
Besteigung des Col du Diable, einer relativ kurzen aber sehr steilen
Wassereisrinne. In seinem Buch „Vor den Toren des Himmels", in dem
er diese Besteigung viele Jahre später beschreibt, macht Terray eine
Bemerkung, die viele der technischen Aspekte der Vorkriegszeit
charakterisiert: „Damals, vor so langer Zeit, beherrschte praktisch
niemand die schwierige Kunst, Eishänge aufrecht mit Steigeisen zu
begehen. In der Regel begann man mit dem Stufenschlagen, sobald
der Hang eine Neigung von 35 Grad erreichte, ein quälendes und
schmerzlich langsames Verfahren. Ich selbst erstieg relativ steile
Hänge mit Hilfe meiner Eisen, jedoch ohne meinen Pickel in der
Ankerstellung zu benutzen. Das habe ich erst später von meinem
Lehrer Armand Charlet gelernt. Mein miserabler Pickeleinsatz
erlaubte es mir nicht, alle Möglichkeiten meiner Steigeisen auszunut-
zen, und deshalb war bei harten Eisverhältnissen ein 45 Grad steiler
Hang so ziemlich mein Maximum…".

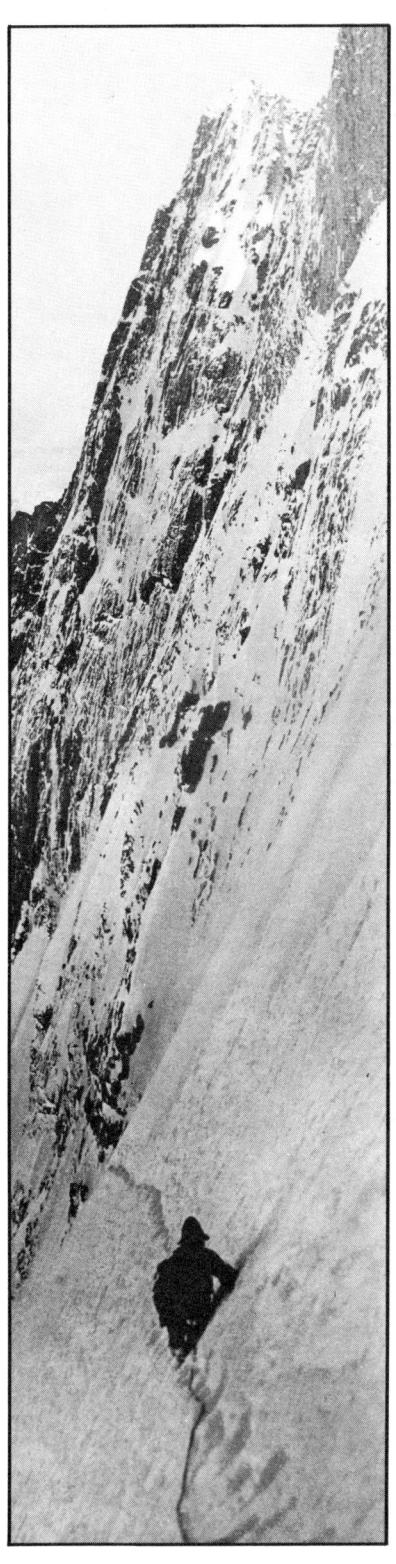

*Robert Greloz bei der Erstbesteigung der
Nordwand der Triolet im September 1931.
Foto André Roch.*

Abseits der Alpen: Die Schotten

Während der 40er Jahre sah es so aus, als ob es in den Alpen keine weiteren Eisrouten mehr gäbe, und das Interesse wandte sich sowohl dort als auch weltweit den großen, künstlichen Felstouren zu, die die Kletterwelt für die nächsten 20 Jahre beherrschen sollten. Während dieser Zeit des allgemeinen Stillstands und der relativen Ruhe gelangte jedoch das Eisklettern im schottischen Hochland zur Blüte. Eigentlich handelte es sich dabei nicht um reines Eisklettern, sondern mehr um eine einzigartige schottische Sportart, die Professor Norman Collie 1894 im *Scottish Mountaineering Journal* in seinem Bericht über die erste schottische Winterbesteigung des Tower Ridge ziemlich eindrucksvoll beschrieb: „Und welche Freude, glaubt ihr, fühlten sie nach diesem überaus langen und schwierigen Aufstieg? – nach diesem Kriechen, Rutschen, Ziehen, Stoßen, Heben, Keuchen, Schauen, Hoffen, Verzweifeln, Klettern, Anhalten, Hinunterfallen, Versuchen, Pusten, Verlieren, Sichsammeln, Reden, Steigen, Murren, Fluchen, Kratzen, Treten, Stoßen, Laufen, Jagen, Spreizen, – denn wißt ihr, daß nur allein durch diese Methoden die göttlichen Geheimnisse des Grals enthüllt werden können?"

Die Schotten sind schon immer energisch und hartnäckig im Kielwasser der Bergsteigergesellschaft geschwommen. In ihrer nonkonformistischen Art erfreuten sie sich daran, die Kunst des Eiskletterns am Leben zu erhalten, während Felsklettern und Hakentechnik in Mode waren. Natürlich waren die Schotten schon seit einiger Zeit im Eis geklettert. Winterbergsteigen war eine der Hauptzielsetzungen bei der Gründung des Scottish Mountaineering Club im Jahre 1889 gewesen. Eine der treibenden Kräfte, W. W. Naismith, erklärte: „Wenn auch die derzeitige Modeströmung in den Alpen auf das Felsklettern hinzielt und das Eisklettern außer Acht läßt, so werden diejenigen unter uns, die einen Sinn für Tradition haben, das Winterbergsteigen fördern und die Genugtuung finden, daß sie dazu beigetragen haben, in irgendeiner Weise der vorherrschenden Strömung entgegenzuwirken." In die Fußstapfen von Naismith trat der bemerkenswerte Harold Raeburn. Mit grenzenloser Begeisterung nahm er sich der Sache des Winterbergsteigens an. Zweifelsohne wurde er dazu von der bestehenden und typisch schottischen Einstellung angeregt, daß Schnee, Eis und Schneesturm – sogenannte „härteste Bedingungen" – die wesentlichen Bestandteile eines befriedigenden Klettertages bildeten. Er durchstreifte das Hochland kreuz und quer und stand auf jeder größeren Erhebung in Schottland. Unter seinen klassischen Besteigungen sind unter anderem Crowberry Gully im Jahre 1893, natürlich unter „härtesten Bedingungen", Green Gully am Ben Nevis 1906 im Schneesturm und Observatory Ridge im Jahre 1920 zu finden.

Harold Raeburn führt eine Seilschaft im Central Couloir, Ben Lui. Foto A. E. Robertson.

Gegenüber Tom Patey in der Führung an der Alladin Buttress, Cairngorms.
Foto John Cleare.

Folgende Seiten, „Ben Nevis, der mächtigste, bösartigste und höchste Felsbrocken dieser Inseln, ist selbst eine Insel, die ihre gräßlichen Flanken aus endlosen Mooren erhebt, die mit ihren versteckten Tiefen nahezu einmalig sind."
Beschreibung von J. R. Marshall.
Foto Hamish MacInnes

Da das relativ sanfte schottische Hochland keine so großen Schnee- und Eiswände wie die Alpen bietet, hatten die Einheimischen schon längst herausgefunden, daß es hier die Rinnen, die sogenannten Gullys, die die bedeutendsten Massive trennten, waren, die im Winter einen furchtbaren und eisigen Anblick boten. Der große Aufschwung, den das Eisklettern, insbesondere das „Gully Klettern" bald darauf in Schottland erfuhr, leistete einen großen Beitrag zur Weiterentwicklung des Frontalzackengehens, das seine Anfänge genommen hatte kurz nachdem Grivel die Steigeisen um zwei Frontalzacken ergänzt hatte. Von nun an konnte härteres und steileres Eis ohne mühsames Stufenschlagen geklettert werden; dieser Stil entsprach eher der Freiheit des Felskletterns. Während die österreichischen und deutschen Kletterer sich sehr schnell auf die zwölfzackigen Steigeisen umstellten, brauchten die Franzosen, die ihre französische Technik schon so gut beherrschten, dazu wesentlich länger. Die Schotten übernahmen das Frontalzackengehen und Stufen-

Oben, der „Fuchs von Glencoe", Hamish MacInnes, der durch die Wächte am Ben Nevis einen Tunnel gräbt.
Unten Jimmy Marshall im Parallel B Gully.
Foto Graham Tiso.

schlagen zur Begehung ihrer gewundenen und engen, kamin-
artigen Rinnen und später auch für das Klettern im vereisten Fels. Die
Maßstäbe, die Raeburn dabei setzte, blieben bis zum Dezember 1950
gültig. Zu diesem Zeitpunkt, so beschrieb es einmal der große
Eiskletterer Jimmy Marshall „. . . . bestand ein gewaltiges Talent
im dunklen, eisigen Lochnagar die Feuerprobe: Tom Patey. Indem
er als erstes gleich die furchterregende Schlußwand des Douglas-
Gibson Gullys bezwang, wußte er, was in ihm steckte und setzte für
alle nach ihm kommenden „Extremen" ein Beispiel." Nahezu während der ganzen 50er Jahre war Patey der bedeutendste Kletterer an
den Felsen östlich von Cairngorms und Lochnagar. Über diese Zeit
schrieb Marshall weiter: „Im Westen in Glencoe und am Ben Nevis
wurde während der frühen 50er Jahre wenig Neues gemacht. Vielleicht lag es daran, daß es bereits eine Vielzahl hervorragender
Kletterführen gab, an denen ein Kletterer seinen Mut, seinen Schliff
und seine Technik ausreichend erproben konnte. Eine bemerkenswerte Ausnahme dieser Regel war Hamish MacInnes (er ging schon
immer seine eigenen Wege) mit seinen Besteigungen von Raven's
Gully (1953), Rannock Wall und Clachaig Gully." Die erste, wirklich große Gullyklettereri am Ben Nevis wurde 1957 eröffnet, „als
Patey und Greame Nicol gemeinsam mit MacInnes Zero Gully
bestiegen. Die Männer stellten sich hervorragend auf den Berg ein.
Die Besteigung war nach fünf Stunden beendet, eine Zeit, die von
einer Dreierseilschaft kaum unterboten werden kann. Daraufhin
machte der gute alte Patey das nordwestliche Hochland zu seiner
Hochburg und konnte innerhalb kürzester Zeit auf eine Reihe von
Alleinbegehungen bzw. Seilschaftsbegehungen in diesem Gebiet
zurückblicken; gelegentlich unternahm er Streifzüge in südlichere
Gebiete, um sich die besseren Routen auf den Felsen von Creag
Meaghaidh zu holen."

Die hervorragendste Persönlichkeit des Jahrzehntes war jedoch
Jimmy Marshall. Von dem Moment an, als er 1959 das Parallel Gully
B. am Lochnagar und Smith's Gully am Creag Meaghaidh erstieg,
beherrschte er das schottische Winterbergsteigen vollständig. Er war
der „große alte Mann". Der Meister, bei dem viele der besten
schottischen Alpinisten (z. B. Robin Smith und Dougal Haston) ihre
Lehrjahre verbrachten. Sogar heute gibt es wahrscheinlich keinen
Kletterer in der ganzen Welt, der fähig wäre, unter gleichen Bedingungen – nur mit einem langen Pickel und einem Paar Steigeisen –
Marshalls Stil im schottischen Eis zu übertreffen. Der Höchststand
des schottischen Eiskletterns wurde erreicht, als Marshall und Smith
1960 ihre legendär gewordene Woche am Ben Nevis verbrachten.
Die beiden eröffneten sechs bedeutende, neue Anstiege und bestie-
gen zusätzlich das berüchtigte Point Five Gully zum zweiten Mal.
Zwei dieser Anstiege, der Gardyloo-Pfeiler und die direkte Orion

Nick Noon bei einem frühen Versuch am Point
Five Gully, Ben Nevis 1952.
Foto John Cunningham.

Erich Friedli, jr.
Foto Ruedi Homberger.

Wand, müssen auch heute als ebenso schwierig und klassisch wie jede erst in letzter Zeit eröffnete schottische Eistour angesehen werden. Nach 1960 blieb dann nur noch übrig, Hunderte von über das schottische Hochland verstreute, weniger bedeutende Gullies, Eisflecken und vereiste Wände zu erschließen.

Allen Fyffe, einer der besten heutigen Eiskletterer Schottlands, beschreibt, wie die Eisklettertechnik der damaligen Zeit ausgesehen hat, wie folgt:

„Man ging zunächst mit einem Pickel (der normalerweise stumpf war) auf das Eis los und hackte eine durchgehende Reihe von Stufen der unterschiedlichsten Formen und Größen in das Hindernis, das sich einem in den Weg stellte. Diese Technik reichte ungefähr 80 Jahre lang dazu aus, Winterbesteigungen von fast allen größeren Gullies, Kaminen und zugefrorenen Wasserfällen und auch von vielen der bedeutenderen Pfeiler durchzuführen. Aber diese Technik hatte ihre Nachteile: sie war zeitraubend und erforderte ein beachtliches Ausmaß an Hartnäckigkeit. Für eine Kletterei im Schwierigkeitsgrad 5* benötigte man z. B. fünf bis acht Stunden. Das ist eine lange Zeit, die man da in einem Gully verbrachte, wenn man bedenkt, daß man ständig der Lawinengefahr, herunterstürzenden Eisstücken und dem Schneetreiben ausgesetzt war, und die Blutzirkulation ständig schlechter wurde. Als schließlich die Steigeisen die Nagelschuhe ablösten, wurde die Situation besser; man mußte nun nicht mehr überall Stufenschlagen, es wurde möglich, die meisten Schneehänge schnell zu bewältigen. Tatsächlich wurde damals sogar eine Art Frontalzackentechnik angewendet: Leicht geneigtes Eis wurde oft erklettert, indem man die zwei waagrechten und die ersten beiden senkrechten Zacken verwendete, was einen ziemlich sicheren Halt gab. Diese Technik war aber im allgemeinen auf kurze Strecken, geringe Hangneigungen oder Eisabschnitte am Ende einer Seillänge beschränkt, wo sie als letzte Rettung vor einem Absturz, der drohte, weil einen die Kräfte verließen, diente. Verbunden mit den damals äußerst beschränkten Sicherungstechniken in Schnee und Eis und der allgemein schlechten Absicherung, konnte auch diese Technik das Winterbergsteigen für den Normalverbraucher nicht attraktiver machen.“

---

* Anmerkung des Übersetzers: *Die in den USA und Großbritannien gebräuchliche 5-gradige Schwierigkeitsskala für Eisanstiege ist im deutschsprachigen Raum weitgehend unbekannt und unüblich.*

Der Alpinismus nach dem Kriege

Während der 50er und frühen 60er Jahre machte die Eistechnik in den Alpen wenig Fortschritte, obwohl einige Touren eröffnet wurden, die schwieriger als alles waren, was während der Nordwand-Ära gemacht wurde. Die herausragenden Besteigungen waren die gefährliche Bonatti/Zapelli Führe am Eckpfeiler, die sechs Tage fordernde Besteigung der Droites Nordwand im Jahre 1955 durch Cornuau/Davaille und die Desmaison/Flematti Route an der Grandes Jorasses/"Leichentuch". Die Droites Führe blieb wahrscheinlich die schwierigste Eistour in den Alpen, bis 1971 Cecchinel/Nominé ihre Führe am Eckpfeiler eröffneten. Die bemerkenswerteste Neuerung dieser Periode lag in der Zeit, die zur Bewältigung der Anstiege benötigt wurde. In den späten 50er und frühen 60er Jahren wiederholte ein junger schweizer Mechaniker namens Erich Friedli alle Welzenbach Routen im Berner Oberland und führte darüberhinaus eine Reihe von Alleinbegehungen der klassischen Eiswände der Ostalpen in erstaunlich kurzer Zeit durch. Er benutzte die reine Frontalzackentechnik und zwei Eisstichel. Der Unterschied zu früher lag aber weniger in der Technik, sondern vielmehr in seiner Kühnheit. 1969 gelang dem Südtiroler Reinhold Messner eine Alleinbegehung der Droites Nordwand in bemerkenswerten neun Stunden, was sowohl auf seinen Mut als auch auf eine Vorbereitung durch sportliches Training zurückzuführen ist. Es heißt, Messner soll zum Abendessen wieder in Chamonix zurückgewesen sein.

Im Bergsport herrschten in den 60er Jahren starke nationale Strömungen. Dies betraf insbesondere das Skifahren, wo es österreichische, französische und sogar amerikanische Techniken gab. Die Franzosen benutzten weiterhin ihre Zehnzacker und bestiegen die großen Eiswände des Mont Blanc Massivs in ihrer französischen Technik, während die Österreicher und Deutschen es bald bevorzugten, die Frontalzackentechnik anzuwenden.

André Contamine, tonangebend im französischen Eisklettern, schrieb 1967 in der Zeitschrift *„La Montagne"*: „Eine der nützlichsten Techniken für den Bergsteiger ist die des Ankerpickels. Sie erlaubt ihm, auch an den steilsten Hängen ohne Mühe und Schwierigkeiten höher zu kommen. In ihr liegt der Schlüssel zur französischen Technik." Zwei Jahre später schrieb der österreichische Bergsteiger Wastl Mariner in der gleichen Zeitschrift: „Die anatomisch natürlichste, sicherste und kraftsparendste Technik liegt darin, in steilem Eis auf den Frontalzacken der zwölfzackigen Steigeisen höher zu steigen; dies wird als Frontalzackentechnik bezeichnet." Er kritisierte die französische Technik als unnatürlich und schwierig zu erlernen. Als einige aufmüpfige Kursteilnehmer diesen Artikel ans schwarze Brett

der *Ecole Nationale de Ski et d'Alpinisme* in Chamonix hängten,
verursachte dies gewaltige Aufregung!

Im Jahre 1971 bekannten sich jedoch 90 Prozent der besseren
französischen Kletterer zur Frontalzackenmethode bei Aufstiegen im
steilen Eis. Ihr verletzter gallischer Stolz wurde dadurch besänftigt,
daß die französische Skilauftechnik einen Siegeszug um die Welt
antrat! Heute wird die französische Steigeisentechnik hauptsächlich
auf Grund von Contamines Lehrtätigkeit in der französischen Berg-
führerausbildung und durch seine Artikel in verschiedenen Zeitschriften in Kletterschulen in der ganzen Welt gelehrt. Nach Lagarde
und Charlet war Contamine der Lehrmeister der französischen
Eiskletterer. Der Eispickel, den er entwarf (Charlet Super-Conta),
hatte als erster ein Loch im Kopf und tiefe Zähne in der Haue, die eine
bessere Verankerung ermöglichten.

Entwicklungen in Nordamerika

Die Schnee- und Eistechnik kam relativ spät nach Nordamerika. Um
die Jahrhundertwende wanderte der österreichische Bergführer
Konrad Kain in die wenig erforschten kanadischen Rockies aus. Das
Bergsteigen mußte sich in dieser Wildnis notwendigerweise der
Tradition der frühen amerikanischen Siedler in diesen Bergen anpassen. Kain benötigte ein paar Pferde, einen Bärentöter und einen
ausgeprägten Orientierungssinn, um überhaupt in die Berge zu
gelangen. Seine Laufbahn erreichte 1913 mit der Erstbesteigung des
Mount Robson, dem Schmuckstück der Rockies, ihren Höhepunkt.
(Wer den Mount Robson auf irgendeiner Route bestiegen hat, kann
als guter Bergsteiger gelten). Die Route von Kain, die auch heute
noch eine lange und ernsthafte Unternehmung darstellt, wurde
jahrzehntelang nicht wiederholt. Lange Zeit wurde nichts ähnlich
Bedeutendes im Eis gemacht, da die Amerikaner auf Grund ihres
relativ spät erwachten Interesses zuerst einmal von dem weltweiten
Trend zum Felsklettern erfaßt wurden. In den 50er und 60er Jahren
gab es dann einige wenige interessante Besteigungen in Alaska und
den kanadischen Rockies.

Es begann damit, daß 1954 Fred Beckey und Heinrich Harrer über
einen langen und gefährlich verwächteten Grat den Mount Deborah
bestiegen. Trotz vieler Versuche gelang eine zweite Begehung erst
im Jahre 1975. Zwei andere bedeutende Routen waren die Besteigung des Emperor Grates am Mount Robson im Jahre 1961 durch
Tom Spencer und Ron Perla und die der Nordwand des Robson im
Jahre 1963 durch Pat Callis und Dan Davis. Jedoch waren die
Schwierigkeiten und die Anforderungen, die diese Routen stellten,
mit Ausnahme einiger Besteigungen in Alaska, nicht größer als das,

was in den Alpen schon in den 20er und 30er Jahren geleistet wurde. Damals glaubte man im Osten der Vereinigten Staaten, schon mit dem Schlagen von ein paar Stufen am Huntington Ravine des Mount Washington eine große Bergfahrt unternommen zu haben.

1964 wurde der North-America-Wall am El Capitan im Yosemite erstiegen. Dies bildete den Höhepunkt des Big-Wall Kletterns. Man gelangte zu der Erkenntnis, daß es möglich war, mit genügend Zeit und Ausrüstung jede Felswand zu erklettern. Bald darauf begann sich eine kleine Gruppe von Yosemite Kletterern für das nordamerikanische Eis zu interessieren. In der gleichen typisch technokratischen Art und Weise, mit der sie an die großen Wände und an das Klettern mit künstlichen Hilfsmitteln herangegangen waren, begannen nun die Amerikaner, sich näher mit der Eiskletterausrüstung zu beschäftigen.

An einem regnerischen Sommertag des Jahres 1966 ging ich auf einen Gletscher in den Alpen, um alle damals erhältlichen Modelle von Eispickeln in der Praxis zu testen. Ich wollte herausfinden, welcher von ihnen am besten als Ankerpickel, und welcher von ihnen besser für das Stufenschlagen geeignet wäre, und auch aus welchen Gründen. Nachdem ich einige Dinge herausgefunden hatte, mußte Donald Snell die äußerst zurückhaltende und konservative Firma Charlet davon überzeugen, für diesen verrückten Amerikaner einen 55 Zentimeter langen Pickel mit einer gekrümmten Haue herzustellen! Ein nur 55 Zentimeter langer Pickel war damals schon eine verrückte Sache – aber eine gekrümmte Haue war erst recht verrückt! Ich jedoch stellte mir vor, daß man durch eine Veränderung der üblichen geraden Pickelhaue in eine Krümmung, die dem Bogen des Pickelschwunges entsprach, eine bessere Verankerung des Pikkels im Eis erreichen würde. Ich hatte nämlich bemerkt, daß die gerade Pickelhaue oft in dem Moment, in dem ich sie belastete, ausbrach. Meine Idee funktionierte, und einige Jahre später schrieb Rob Collister in der Zeitschrift „*Mountain:*" Die Entwicklung einer gekrümmten Haue für Eispickel und Eisbeile war ein Ereignis in der Geschichte des Eiskletterns, das nur vergleichbar ist mit der Einführung der Steigeisen um das Jahr 1890 oder der Benützung der Frontalzacken und Eishaken in den 30er Jahren. Ja sie könnte sich als noch umwälzender als die beiden eben genannten Punkte erweisen. Nachdem diese Entwicklung sowohl schnelleres Vorwärtskommen als auch größere Sicherheit bietet, wird sie all jene ermutigen, die bisher von der Notwendigkeit, sich entweder für das eine oder das andere zu entscheiden, abgeschreckt wurden."

Die gekrümmte Haue und die tiefen Zähne des Pickels und meine später entworfenen Eisbeile ermöglichten einen eindeutig besseren Halt im Eis. Von nun an konnte ein Kletterer sein ganzes Gewicht auf den Pickel legen, ohne daß dieser ausbrach. Dies bedeutete, daß ein

Eiskletterer, der in jeder Hand ein solches Gerät hatte, senkrechtes oder sogar überhängendes Eis angehen konnte, ohne Stufen zu schlagen oder künstliche Hilfsmittel benützen zu müssen. Diese anstrengende Technik wurde erstmals im Winter 1967 in Kalifornien angewendet und später von den Franzosen „*piolet traction*"⋆ genannt.

1967 entwarfen Tom Frost und ich nicht nur einen neuen Eishammer mit einer gekrümmten Haue, sondern brachten auch ein verstellbares, starres Steigeisen aus Chrom-Molybdän Stahl heraus. Ausgerüstet mit diesen neuen Geräten und den zuverlässigen Salewa Rohreisspiralen, wandten sich nun die amerikanischen Kletterer mit einer neuen Einstellung dem steilen Eis zu. Während der Herbstmonate ergaben sich in den Couloirs der kalifornischen Sierra Nevada phantastische Klettermöglichkeiten, wenn der Firn sich in schmale, herrliche Wassereisrinnen verwandelt hatte. Jahrelang haben Doug Robinson und ich das Desinteresse der anderen am Eisklettern ausgenützt und so die Erstbesteigungen vieler dieser schönen Sierragullies ergattert. In Montana, Utah, Colorado und den Oststaaten wurden Wasserfälle entdeckt, die von Dezember bis März von unten bis oben zufroren. Bald entwickelte sich das Spiel dahingehend, daß Besteigungen nur noch unter „extremsten" Bedingungen durchgeführt wurden: in festem, blauem Eis.

Zeit der Reife

Ende der 60er Jahre führten nur wenige Kletterer Eisrouten hohen Standards durch. In England löste ein neuer Superkletterer den legendären Jimmy Marshall ab. Es war dies John Cunningham, der die Einsatzmöglichkeiten der Frontalzacken bis zu einem Neigungswinkel von 70 Grad trieb. Bei dieser Steilheit können die Hände, wie beim Felsklettern, an natürlichen Griffen Halt finden. 1970 kletterten er und Bill March aus Glenmore Lodge die kurze, aber vollkommen senkrechte Tour „Chancer" am Hell's Lum in den Cairngorms. Dies war die erste senkrechte schottische Eistour, die gegangen wurde, ohne eine durchgehende Reihe von Stufen zu schlagen.
In einer Zeit, in der die älteren Bergsteiger nicht gewillt waren, sich auf die neue Eisausrüstung umzustellen, und die jüngere Generation zu ungeduldig und zu engstirnig war, um auch eine andere als die Frontalzackentechnik anzuerkennen, zeigte Cunningham eine erstaunliche Vielseitigkeit, die verschiedensten Schnee- und Eistech-

---

⋆ Anmerkung des Übersetzers: *Im deutschsprachigen Raum als „schottische Eistechnik oder Zugtechnik" bekannt.*

32

niken aus aller Welt weiterzuentwickeln, um sie so den schottischen Verhältnissen und seinem eigenen, einzigartigen Kletterstil anzupassen. Nach der Marshall-Ära war sicherlich er die treibende Kraft im schottischen Winterbergsteigen.

Doug Tompkins und ich stellten 1970 gekrümmte Pickelhauen und starre Steigeisen in Schottland vor; wir meisterten damit das schwierige Direct Finish am Raven's Gully in Glencoe.

Während früher die schwierigen schottischen Gullies hauptsächich nur einer kleinen Elite vorbehalten waren, führte die neue Ausrüstung dazu, daß die Routen allgemein zugänglich wurden, und bald auch der durchschnittliche Eiskletterer am Einstieg von Point Five Gully Schlange stand. Allen Fyffe beschreibt einen besonderen Tag: „Jan Nicholson und Dave Knowles gingen eines morgens das Zero Gully an, verzichteten jedoch darauf, sich anzuseilen. Eine Stunde später tauchte Nicholson und kurz darauf auch Knowles am Ausstieg auf. Dann stiegen die beiden ab zum Point Five, wo Knowles einen anderen Kletterer auflas, um mit ihm diese Tour im ganz konventionellen Stil zu machen. Nicholson aber kletterte die Route in 50 Minuten und stieg dann zu einem mittäglichen Trinkgelage zum Fort ab! Dies war möglicherweise einer der schönsten Wintervormittage, die der Ben Nevis oder sonst irgend jemand in Schottland diesbezüglich erlebt hat."

In den frühen 70er Jahren hatten sich die gekrümmte Pickelhaue, das Frontalzackengehen und der „Terrordactyl" von Hamish McInnes allgemein im steilen Eis durchgesetzt. Neue Routen, die bedeutend schwieriger als die alten klassischen waren, wurden nun überall in der Welt eröffnet. Sogar in Neuseeland, wo 1971 Bill Denz und Brian Pooley die schwierige und einsame Balfourflanke am Mount Tasman bestiegen. Am Mount Kenia begradigten Mike Covington und ich 1975 die Route im Diamond-Couloir, indem wir gerade über eine senkrechte Wand im Mittelabschnitt gingen. In den Alpen entdeckte man, daß die furchterregenden, dunklen Couloirs, die im Sommer tödliche Fallen waren, im Winter ausgezeichnete Klettermöglichkeiten boten. An der Grandes Jorasses gelang es 1972 einer japanischen Seilschaft nach nicht weniger als 31 Tagen in der Wand und unter Zuhilfenahme von Fixseilen, die ein britisches Team bei seinem Versuch zurückgelassen hatte, das Zentralcouloir zu besteigen. Die Besteigung erfolgte sicherlich in keinem eleganten Stil, aber auf Grund ihrer Länge (1200 Meter) und der Tatsache, daß sie im Winter gemacht wurde, muß diese Tour als genauso schwierig wie jede andere Eisroute in der Welt eingeschätzt werden. In vier Tagen wurde das Nordostcouloir an der Dru im Winter 1974 von Walter Cecchinel und Claude Jager begangen. (Erstaunlicherweise hat sich dieses Couloir von diesem Zeitpunkt an als eine ziemlich sichere Sommerroute erwiesen.) Eine andere herrliche Eisrinne, das Super-

couloir am Mont Blanc de Tacul wurde im Mai 1975 von Jean Marc Boivin und Patrick Gabarrou erstiegen.

Im Sommer 1975 wurden die meisten der extrem schwierigen Eisanstiege in den Alpen wie z. B. das Drucouloir, das Leichentuch und die Nordwand der Droites von den stärkeren Kletterern ohne Biwak gemacht. Alle klassischen Routen wurden regelmäßig in erstaunlich kurzen Kletterzeiten im Alleingang wiederholt. Ein junger Bergsteiger wartete sogar, bis das nachmittägliche Gewitter vorbei war, um in die Schweizer Route in der Nordwand der Courtes einzusteigen; um sechs Uhr war er am Gipfel!

Wenn die jüngsten Fortschritte im Eisklettern vor allem auf die französischen Alpen beschränkt waren, so ist dies hauptsächlichst auf den britischen Einfluß zurückzuführen, der dort stärker zu spüren ist als in der Schweiz oder in den Ostalpen. Mitte der 70er Jahre suchten die Kletterer in den französischen Alpen nach engen, versteckten Rinnen, die sich zwischen den großen Felswänden herunterschlängelten. Ein typisches Beispiel hierfür und vielleicht das schwierigste ist die Besteigung der Rinne, die zwischen dem Zentralcouloir und dem Walkerpfeiler an der Grandes Jorasses liegt, die 1976 von Alex McIntyre und Nick Colton durchgeführt wurde. Zeitweise verengt sich diese Steilrinne auf weniger als einen Meter. Eine Kletterei im typisch schottischen Stil, aber auf alpinem Niveau. McIntyre berichtete im „Mountain": „Die einzige Route, die uns blieb, war diejenige, die schon Bonington und Haston versucht hatten. (Sie hatten im Winter 1972 einen Punkt 250 Meter unterhalb des Gipfels erreicht.) Sie wurde als eine Route beschrieben, die viel zu kalt war, als daß man sich in ethischen Gedanken darüber verlieren könnte. Aber es war eine gute Route. Eine Route, der man folgte, ohne sie konstruieren zu müssen; eine Route, die die Schwierigkeiten vermied, ohne sie zu suchen; eine Art klassischer Route, aber in einem modernen Sinne. Vor allem aber war es eine Route ohne Ende, eine Direttissima."

Während dieser turbulenten Jahre verloren die Bergsteiger jedoch keinesfalls die großen Gebirge der Erde aus ihrem Blickfeld. Die Zahl der Fahrten von Europa in den Himalaya war ständig angestiegen, aber diese Art der umfangreichen Erschließung, die so typisch für das Expeditionsbergsteigen ist, stellte genauso wenig einen Beitrag zum Eisklettern dar wie die betrüblicherweise wachsende Erfahrung der unbarmherzigen Instabilität der Eiswände des Himalaya. Auch die Anden wurden allmählich erstiegen. Dies geschah aber ebenfalls durch schwerfälliges Stapfen in weichem Schnee auf gefährlich überwächteten Gipfelgraten. Deshalb waren es nicht diese Gebiete, die dem Eisklettern der 70er Jahre neue Maßstäbe und Impulse gaben.

In der Nordwand der Grandes Jorasses. Foto Chris Bonington.

Gegenüber, eine Winterbesteigung der Droites. Foto Alex MacIntyre.

Die Entwicklung des ostamerikanischen Eiskletterns begann 1970 mit der ersten stufenlosen Besteigung des Pinnacle Gully am Mount Washington durch Jim Mac Carthy und Bill Putnam. In allen Neuenglandstaaten und New York, ganz zu schweigen vom östlichen Kanada, das sowieso ein riesiger „unerforschter Gefrierschrank" ist, fand man hervorragende Eisverhältnisse vor. John Bouchards Solo- und Erstbesteigung des Black Dike am Cannon Mountain in New Hampshire sowie die Besteigung des wilden Repentance am Cathedral Ledge durch John Bragg und Rick Wilcox waren die herausragenden Touren der 70er Jahre.

Das Ersteigen gefrorener Wasserfälle nahm im Westen der Vereinigten Staaten ähnlich fanatische Formen an, wie wir es schon beim schottischen Winterbergsteigen gesehen haben. Die Eisflecken, Wülste und gefrorenen Kaskaden wurden nun nicht mehr bloß als Trainingsgebiete, an denen der Kletterer seine Technik für die sommerlichen Eiswände und herbstlichen Couloirs schärfen konnte, angesehen – sie waren zu einem Ziel an sich geworden.

Mahlen's Peak Waterfall war wahrscheinlich der erste wirklich bedeutende Wasserfall, der 1971 von Greg Lowe und einem Partner, der sicherte und mit Hilfe von Jumarklemmen nachfolgte, erstiegen wurde. Eine Wand aus 20 Meter absolut senkrechtem Eis, die von einer fünf Meter langen überhängenden Passage gekrönt wurde, stellte die Schlüsselstelle dieses Utah-Klassikers dar. Dies war wahrscheinlich das erste Mal, daß eine derartig lange Strecke auf hartem Wassereis ohne Stufenschlagen oder künstliche Hilfsmittel erklettert wurde.

1974 gelang Jeff Lowe und Mike Weis eine der schönsten Wasserfallbesteigungen – die des einzigartig schönen Bridalveil Fall in der Nähe von Telluride, Colorado. Der größte Teil der Tour war senkrecht, und Lowe beschreibt die Schlüsselstelle in einem Artikel, den er sinnigerweise „Erinnerungen an einen kalten Tanz" nannte: „Mike führte die Schlüsselstelle, die in einem ein Meter Dach, von dessen äußeren Rand riesige Eiszapfen hingen, bestand. Zuerst kletterte er sechs Meter die leicht überhängende Wand unter dem Dach hinauf und schlug dann ein Loch in den Vorhang der Eiszapfen. Nachher spreizte er äußerst feinfühlig zwischen den Eiszapfen auf jeder Seite des Loches höher, schlug die Spitze seines Pickels oberhalb des Überhanges ins Eis und kämpfte sich hinauf. Als ich schließlich nachfolgte, erschien mir die Stelle genauso schwierig wie eine 5.10er Felskletterstelle (VI + nach UIAA). Als wir oben ankamen, lachten wir und waren gleichzeitig überrascht über unseren Erfolg. Wir wußten nun, daß wir nie wieder mit künstlichen Hilfsmitteln an eine Eiskletterei herangehen mußten."

In Kalifornien gelang zwei Felskletterern aus dem Yosemite, Kevin Worral und Mark Chapman, bei ihrer erst dritten Eistour eine freie

Repentance und Remission, Cathedral Ledge, New Hampshire.

Gegenüber, das große Central Couloir am Mount Kitchener in den kanadischen Rockies. Die Schlüsselstelle besteht aus mit Wassereis überzogenen Platten, an der Stelle, an der sich das Couloir verengt.

Begehung des 300 Metter hohen Widow's Tear, jenes Wasserfalles
im Yosemite, der im Sommer als erster austrocknet.
Im Westen von Kanada wandte eine Gruppe ausgewanderter Briten,
die von dem Schotten Bugs McKeith angeführt wurde, die Belage-
rungstaktik, Bohrhaken zum Sichern und künstliche Hilfsmittel an,
um eine Reihe steiler und extrem schwieriger Wasserfälle erstzube-
steigen. Der längste und vielleicht schwierigste war wahrscheinlich
Polar Circus am Peak 10.460. Allan und Adrian Burgess, McKeith
und Charlie Porter brauchten dazu sieben Tage. Die Tour ist fast
1000 Meter lang und weist mehrere senkrechte Abschnitte auf.
Im Winter tendiert die Temperatur in den Rockies dazu, lange Zeit
extrem niedrig zu bleiben, was sprödes Eis und große Lockerschneelawinen zur Folge hat. Aber diese Nachteile werden mehr als wettge-
macht durch die Tatsache, daß viele der Wasserfälle nur einige
Minuten von der Straße entfernt liegen. Heutzutage geht der Trend
in Kanada dahin, die Wasserfälle in besserem Stil frei zu klettern.
Die schönste Eisroute, die je in Nordamerika gemacht wurde, ist das
1000 Meter hohe Grand Central Couloir am Mount Kitchener in den
kanadischen Rockies. Jeff Lowe und Mike Weis brauchten im Sommer 1975 sechsundzwanzig lange Stunden, um dabei die Schwierigkeiten überhängender Bergschründe, verharschten Schnees über
brüchigem Fels und steilen Wassereises zu überwinden.

*Gegenüber, der Bridalveil Fall in Colorado,
Foto Bart Chandler.
Unten, eine von Willo Welzenbachs schönsten
Erstbegehungen, die Nordwand der Grand
Charmoz. Foto Bradford Washburn.*

Foto: Paul Braithwaite

Mit 17 Jahren bastelte ich eine alte zweitürige Fordlimousine Jahrgang 1940 zusammen und fuhr damit von Kalifornien in die Wind River Mountains in Wyoming. In der Mojave Wüste schnurrten wir beide, mein Ford und ich, an funkelnagelneuen Buiks und Cadillacs vorbei, die mit offener Motorhaube und dampfenden Motoren am Straßenrand standen. Als ich in Pinedale ankam, wartete Don Prentice schon auf mich. Er war es gewesen, der mich mit dem Klettern in Berührung brachte, indem er mir das Abseilen beibrachte, damit wir für seine Falknerei Habichte und Falken fangen konnten. Meine ganze Klettererfahrung bestand damals in einer Unzahl von Abseilfahrten, dem Hinunterhangeln an Seilen, um an die Falkennester heranzukommen und einer Menge leichter Klettereien in den Sandsteinfelsen in der Nähe von Los Angeles.

Früh am nächsten Morgen verließen wir unser Zeltlager am Oberlauf des Green River, um den Gannet Peak, die höchste Erhebung in Wyoming, zu besteigen. Während die anderen ein Felscouloir durchstiegen, ging ich als einziger mutig die Westwand an. Fast den ganzen Tag über wand ich mich durch Kamine, Rinnen und über kurze, aber steile Felsabbrüche höher. Es war dies mein erster Berg, und ich hatte ja überhaupt keine Ahnung, daß die so hoch waren! Die letzten Felsen gingen in einen weiten Schneehang über, der zum Gipfel führte. Ich war erleichtert, aus der Wand zu kommen, weil es mir allmählich dämmerte, daß ich niemals auf dem gleichen Weg wieder runter käme. Der Schnee war hart, hatte jene weiche, schmierige Oberfläche, die er eben an einem Nachmittag Anfang Juni bekommt. Ich hatte keinen Eispickel, und meine Sears Roebuck-Arbeitsschuhe waren weich besohlt und fanden deshalb im Schnee keinen Halt.

Im Westen braute sich bedrohlich ein Gewitter zusammen, und plötzlich fühlte ich mich sehr klein und sehr einsam; ich beschloß, abzusteigen. Der Abstieg begann mit der ziemlich ausgesetzten Querung über einen Schneehang direkt über einem 300 Meter Abbruch. Dann führte der Weg eine noch steilere Schneerinne hinunter in eine Geröllhalde. Ich begann vorsichtig, Stufen zu treten und versuchte dabei, mich im Gleichgewicht zu halten. Als ich aber Angst bekam, lehnte ich mich unbewußt zu sehr zum Hang, und meine wertlosen Stiefel drohten deshalb aus den Stufen zu rutschen. Mehrere Male konnte ich einen Absturz nur dadurch verhindern, daß ich meine Finger wie Klauen in den Hang grub.

Dieser Tag lehrte mich ziemlich viel über die heimtückischen Auswirkungen der Angst ebenso wie darüber, meine Hacken kraftvoll einzusetzen und mich auf meinen Gleichgewichtssinn und meine Füße zu verlassen. Vor allem aber begriff ich, daß ein gesundes Maß an Zuversicht und Selbstvertrauen oft mangelnde Ausrüstung und Erfahrung ersetzen kann. Diese erste Bergfahrt vor über 20 Jahren erweckte in mir eine Leidenschaft für das Schnee- und Eisklettern, die bis heute anhält. Ich habe oft bemerkt, welch großen Einfluß die ersten Touren auf die spätere Entwicklung eines Kletterers haben können. Jemand der das Klettern an kleinen, aber schwierigen Felsnadeln erlernt, mag sich zwar später dem Big-Wall Klettern zuwenden oder in den Alpen klettern, seine wirkliche Liebe wird aber immer dem Freiklettern an luftigen Felsblöcken gehören. Auch ich habe mich im Laufe der Zeit in praktisch jeder Art des Kletterns versucht, aber ich war immer am glücklichsten, wenn ich in die verschneiten Berge zurückkehren konnte, um mit einem Fuß im Fels und mit dem anderen im Eis zu stehen.

2
Gehen im Schnee

Eigenschaften des Schnees

Eine der Freuden des Bergsteigens entsteht aus der wachsenden
Vertrautheit mit dem Medium. Das Erlernen des Felskletterns ist als
Prozeß beschrieben worden, bei dem man immer mehr Feingefühl
für die Felsformationen bekommt. Die Technik entwickelt sich auf
Grund der bewußten Wahrnehmung; diese muß beim Gehen in
Schnee und Eis stärker ausgeprägt sein, da hier die Verhältnisse viel
komplexer und veränderlicher sind als im Fels. Wir müssen uns nicht
nur mit der äußeren Form und Struktur des Schnees beschäftigen, da
wir ja sowohl mit unseren Schuhen als auch dem Pickel und den
Steigeisen direkt damit in Berührung kommen, sondern wir müssen
auch wissen, wie der Schnee gealtert ist, wie er sich gesetzt hat, wie
fest seine Oberfläche ist und wie solide die darunterliegenden
Schneeschichten sind.

Der Schnee ist unendlich in seiner Vielfalt. Die Eskimos im Norden
von Kanada kennen ein Dutzend von Wörtern, um zu beschreiben,
welche Wirkungen frisch gefallener Schnee auf die Gleitfähigkeit
ihrer Schlitten hat. Auch der Bergsteiger wird früher oder später
lernen, funktionell von ihm zu denken und ihn je nach der Technik,
die er benutzt, klassifizieren. Hierbei handelt es sich nicht um
absolute Begriffe, sondern vielmehr um solche, die von unseren
jeweiligen bergsteigerischen Interessen abhängen. Je nachdem, ob
jemand seine Skier für eine Tour oder ein Abfahrtsrennen wachst,
eine Lawinengefahr voraussagen will oder die Beschaffenheit eines
Gletschers studiert, wird man Schnee und Eis unterschiedlich klassifizieren.

Der Verfestigungsvorgang, durch den Neuschnee, der bis zu 97%
Luft enthalten kann, in Altschnee und schließlich in Eis umgewan-
delt wird, ist äußerst komplex, weil er von sich verändernden Kräf-
ten wie Wind, Sonne und Temperatur beeinflußt wird. Die Schwerkraft ist dabei die einzige mit Bestimmtheit vorhersehbare Kraft, die
auf Neuschnee einwirkt.

*Gegenüber, eine Seilschaft auf dem Ostgrat des
Doldenhorns.
Foto Bradford Washburn.*

43

Neuschnee kann entweder naß oder trocken sein. Nasser Schnee enthält einen großen Anteil Wasser, während trockener Neuschnee der Wunschtraum jedes Skifahrers ist: Pulverschnee. Die Struktur der feinen Neuschneekristalle ändert sich durch den Druck, der durch den Wind und die Einwirkung der Schwerkraft erzeugt wird. Die Verfestigung schreitet rasch fort. Die Bindung zwischen den Neuschneekristallen und den schon vorhandenen Schneekristallen kann von vielen Faktoren beeinflußt werden. Einer davon ist der Wind, der an der Luvseite eines Hanges den Neuschnee verfestigt und so *Preßschnee* bildet. Der Wind bläst den Neuschnee aber auch über Grate und lagert an der Leeseite gewaltige und labile Schneemengen ab, den sogenannten *Packschnee*. Auf hochgelegenen Graten und an exponierten Hängen erzeugt ständige Windeinwirkung auf trockenem Schnee wellenartige Gebilde, die als *„Windgangeln"* bezeichnet werden.

In steilem Gelände wird der Neuschnee oft, bevor er Zeit hatte sich zu verfestigen, als Lawine abgehen. In Rinnen und auf steilen Wänden gehen lockere Neuschneemassen regelmäßig ab und verfestigen den Schnee auf den darunterliegenden Hängen. (Auf solchen Lawinenkegeln eignet sich der Schnee hervorragend zum Stufentreten.)

Den Eiskletterer interessiert natürlich besonders die Oberflächenbeschaffenheit des verfestigten Schnees, denn dort müssen seine Füße Halt finden. So bildet die Sonneneinstrahlung in Verbindung mit dem Nachtfrost auf dem Neuschnee eine Harschschicht, die *Bruchharsch* genannt wird, wenn sie nicht fest genug ist, um das Gewicht eines Menschen zu tragen. Der durch Wind erzeugte *Windharsch* kann durch Druck und Alterung härten.

Das Schmelzen der Neuschneeschicht durch Einwirkung von Sonneneinstrahlung, hohen Temperaturen, Wind und Regen wandelt allmählich den Neuschnee um, bis sich an der Oberfläche grobe Körner bilden. Wird die Oberfläche wiederholt dem Schmelzen und Gefrieren ausgesetzt, so entsteht *Altschnee*.

Unter *weichem Schnee* versteht man Schnee, der unter dem Körpergewicht nachgibt. Das Gegenteil davon, *fester Schnee,* liegt dann vor, wenn auch durch einen heftigen Fußtritt die Oberfläche kaum beschädigt werden kann. Unter *Firneis* verstehen wir Sommerschnee, der mindestens ein Jahr alt ist. Er ist vollkommen verfestigt und kann am Morgen hart, am Nachmittag jedoch sulzig sein. Einerseits greifen die Steigeisen im harten Firn ideal, andererseits kann man nach längerer Sonneneinstrahlung wunderbar auf ihm abfahren.

Sowohl durch die Sonneneinstrahlung als auch über die Verdunstung durch trockene Winde entstehen auf der Oberfläche des Firneises schuppenartige Einbuchtungen (Muschelfirn). In großen Höhen entstehen daraus auf Grund der extremen Temperaturschwankungen spitze Säulen, die sich der Mittagssonne zuwenden wie die Pilger gegen Mekka. Deshalb werden sie *Büßereis* genannt.

Der Pickel

Die Entwicklung des Pickels vom langen Alpenstock zu einem funktionellen Werkzeug mit genau aufeinander abgestimmten Eigenschaften habe ich schon beschrieben. Der Pickel ist eines der Geräte, das uns ein Vorwärtskommen in Schnee und Eis ermöglicht. Weil die Bauweise eines Pickels von der Funktion, die er erfüllen soll, abhängt, wird sich im Laufe dieses Buches durchgehend jede Anforderung an seine Konstruktionsform aus der jeweiligen Forderung, die die Technik stellt, ergeben.

Am Anfang wird man auf mäßig geneigten Schneehängen nur eine Gleichgewichtshilfe – einen Stock, ein „drittes Bein" – benötigen, sodaß es hauptsächlich darauf ankommt, daß der Pickel die richtige Länge und ein spitzes Ende hat. Das Pickelende, der sogenannte Dorn, muß spitz sein, um einen Halt im Eis gewährleisten zu können. Deshalb sollte man den Pickel beim Anmarschweg oder beim Gang über Moränen nie als „Spazierstock" benützen. Der Dorn sollte glatt in den Schaft übergehen, sodaß der Pickel leicht auch durch harte Schichten dringen kann. Die besten Schäfte bestehen aus verleimtem Holz, glasfaserverstärkten Kunststoffröhren oder aus Aluminiumröhren. Metallschäfte besitzen eine große Bruchfestigkeit, fühlen sich jedoch kalt an und sind schlecht ausgewogen. Glasfaserschäfte sind leicht und fest, haben aber wie Metallschäfte die unangenehme Eigenschaft, daß sie prellen. Ein verleimter Holzschaft dämpft zwar die Vibration am besten, er ist jedoch nur halb so bruchfest wie ein Metall- oder Glasfaserschaft. Wendet man jedoch die geeigneten Sicherungstechniken an, wie sie weiter unten beschrieben werden, kommt es nicht so sehr darauf an, einen Pickel mit extrem bruchfestem Schaft zu besitzen.

Die Länge des Pickels hat sich im Laufe der Zeit stark verändert. Von den eineinhalb Meter langen Alpenstöcken der Pioniere sind die Pickel bis auf die 40 Zentimeter langen Zwerge, die in den frühen 60er Jahren in Schottland verwendet wurden, geschrumpft. Die heute empfohlene Pickellänge für allgemeines Schnee- und Eisgehen beträgt 70 Zentimeter. Diese Pickellänge wird weniger von der Forderung nach einem bequemen Spazierstock bestimmt, sondern davon, daß der Schaft das Gewicht des Pickelkopfes austarieren soll, und davon, wie gut man den Pickel in einem steilen Schneehang verankern kann. Darüberhinaus hängt die Länge des Pickels mehr von dem Neigungswinkel des zu erkletternden Hanges als von der

An diesem Pickel wurde ein Band um den Schaft gebunden, um im steilen Eis einen sicheren Griff zu gewährleisten.

Körpergröße des Kletterers ab. Es hat sich herausgestellt, daß ein Pickel, der in der Ebene als Spazierstock zu kurz ist, an einem mäßig geneigten Hang hervorragend geeignet ist. In Alaska z. B., wo man in bodenlosem, lockerem Schnee sichern und Spalten sondieren muß, sind längere Pickel geeigneter. Auch dort, wo hangabwärts Stufen geschlagen werden müssen, ist der längere Pickel nützlicher. Andererseits benötigt man für sehr steiles Eis und in engen Routen wie in den schottischen Gullies einen kürzeren Pickel von 50 oder 60 Zentimeter Länge.

Von Anfang an sollte sich jeder Eiskletterer daran gewöhnen, seinen Pickel nie loszulassen. Man könnte sonst in ernste Schwierigkeiten geraten! Die frühen englischen Alpenerschließer des 19. Jahrhunderts erzählten gerne die Geschichte von dem Führer, der, ermüdet vom Stufenschlagen, seinen Pickel fallen läßt. Ungläubig und starr vor Schreck beobachtet der zweite Mann, wie dieser die Wand hinunterschlittert. Dann überreicht er mit großartiger Geste den letzten noch verbliebenen Pickel dem Führer, der die Seilschaft damit auf den Gipfel und in Sicherheit bringt. Man ist oft versucht, eine Handgelenkschlaufe am Pickel anzubringen, um sicher zu gehen, ihn nicht zu verlieren. Dies birgt jedoch einige Nachteile. Geht man im Zickzack einen Hang an, muß man bei jedem Richtungswechsel den Pickel von einer Hand in die andere nehmen, um ihn stets auf der Bergseite zu halten. Dies bedeutet, daß man auch mühsam und zeitraubend die Handgelenkschlaufe wechseln muß. Im Eis wechselt der Pickel je nach Gelände derart oft von einer Hand in die andere, daß eine kurze Gelenkschlaufe sehr unpraktisch wäre. Und schließlich sollte man auch daran denken, daß es bei einem ernsten, unkontrollierten Sturz besser ist, den Pickel loszulassen als ihn am Körper befestigt zu haben. Der Pickel ist immerhin ein sehr scharfes Instrument!

In folgenden Situationen erweist sich eine Schlaufe, die so lang wie der Pickel ist, nicht nur als nützlich, sondern auch als notwendig: Auf einem Gletscher mit gefährlichen Spalten, wo man den Pickel beim Sturz in eine Gletscherspalte verlieren könnte; beim Klettern in kombiniertem Gelände, wo es angenehm ist, den Pickel an der Schlaufe nachzuziehen, während man eine kurze Felspassage überwindet; und im Winter im extrem steilen Eis, wenn man Wollfäustlinge trägt, in denen man relativ wenig Gefühl hat, und der Pickelschaft glatt vom Eis ist.

Eine der Fragen, die ein angehender Eiskletterer als erste stellt, ist: Wie soll ich meinen Pickel halten? Damit sind wir bei der ersten Grundregel des Eiskletterns: Der Pickel wird immer mit der Haue nach vorne, weg vom Körper gehalten. Dies ist zwar das Gegenteil von dem, was allgemein in den Vereinigten Staaten und in England gelehrt wurde. Es gibt jedoch hierfür einige einleuchtende Gründe. Einer davon ist offensichtlich: Indem man die Haue vom Körper weghält, kann sie bei einem Ausrutscher oder Sturz nicht mit dem Bauch in Berührung kommen! Die Handfläche legt man über die Schaufel, den Daumen auf das Loch, und der Zeigefinger schmiegt sich ausgestreckt an die Haue an. In korrekter Haltung bilden Haue und ausgestreckter Arm eine Linie.

Aufstieg im Schnee

Man stelle sich vor, wie schwierig es wäre, das Skifahren zu erlernen, wenn nicht die verschiedenen Bögen einen Namen hätten. Erfreulicherweise ist das Eisklettern heute so weit entwickelt, daß es für die verschiedenen Fußstellungen und Arten, den Pickel zu halten, Spezialbegriffe gibt. Die meisten dieser Begriffe haben sich international eingebürgert. Darüberhinaus habe ich dort, wo es mir notwendig erschien, einige dazu erfunden. Vielleicht wird es einige stören, daß viele dieser Bezeichnungen französisch sind, was mich jedoch wenig kümmert. Es waren immerhin die Franzosen, die zur Entwicklung der *„pied à plat"* oder französischen Technik am meisten beigetragen haben. Es sind nun einmal ihre Begriffe, und die meisten von ihnen würden nach einer Übersetzung eher sehr häßlich und unbeholfen klingen.

Der französische Begriff für Pickel heißt *„piolet"*. Deshalb werden die verschiedenen Möglichkeiten, einen Pickel zu halten, durch Voranstellung dieses Wortes gekennzeichnet. z. B. wird die vorhin erwähnte Technik, den Pickel wie einen Spazierstock zu halten, *„piolet canne"* (Spazierstockpickel) genannt. Fußstellungen werden durch die Voranstellung des Wortes *„pied"* bezeichnet.

Beim Gehen über flache oder leicht geneigte Hänge wird der Pickel wie ein Spazierstock gehalten und die Füße ganz normal aufgesetzt. Diese Technik heißt dann *„piolet canne, pied marche"*. *„Marche"* bedeutet hierbei soviel wie „marschieren". Im steileren Gelände ist es angenehmer, die Füße wie eine Ente (franz. canard) zu spreizen. Deshalb nennt man diesen „Entengang" *„pied en canard"* (V-förmige Fußstellung). Noch steilere Hänge wird man diagonal angehen, wobei man die Füße flach in waagrechte, getretene Stufen setzt. Diese *„pied à plat"* Methode (flaches Aufsetzen der gesamten Fußsohle) ist die Grundlage der gesamten französischen Technik. In Schneehängen ermüdet sie weniger als das Treten von vertikalen Stufen.

Der Pickel wird immer in der bergseitigen Hand gehalten. Die zweite Grundregel, die stets beachtet werden sollte. Man wird den Pickel sowohl als Stütze als auch als Sicherung einsetzen, und deshalb ist es besser, man hat den Pickel stets über sich. Geht man beispiels-

Die Spur veranschaulicht die drei Fuß-stellungen hintereinander: pied marche *im Flachen,* pied en canard *in leicht geneigten Hängen und* pied à plat, *wenn es steiler wird.*
Foto Tom Frost.

S. 49   Doug Tompkins am Hell's Lum Crag,
Cairngorms, Schottland.

S. 50   John Cunningham am Ben Nevis,
Schottland, Foto Rob Taylor.

S. 51   Jim Kanzler an der Emperor Face,
Mount Robson, kanadische Rockies.
Foto Pat Callis.

S. 52   „Fallen Angle", Waterton Lakes
National Park, Kanada.
Foto Yuri Krisjanson

S. 53   Der Autor, Waterton Lakes National
Park, Kanada, Foto Rob Taylor.

S. 54-55   Erste Seillänge des Green Gully in
der Nähe von Bozeman, Montana.
Foto Lindalee Kanzler.

S. 56   Rob Taylor im Hemsedal, Norwegen.
Foto Henry Barber.

weise einen steilen Hang schräg aufwärts, indem man den Pickel in der „piolet canne" Stellung in der bergseitigen Hand hält und die Füße flach aufsetzt, wird der Schaft des Pickels bei jedem zweiten Schritt tief in den Schnee eingerammt. Da unsere Sicherheit davon abhängt, sollte man ihn wirklich gut einrammen und festhalten. Jedes Wegrutschen der Füße muß von diesem verankerten Pickel gehalten werden können. Das Lehnen zum Hang sollte vermieden werden, da dies die Füße aus den Stufen reißt.

Steht beim Schräganstieg der bergseitige Fuß vorne, so ist das Körpergewicht gleichmäßig auf beide Füße verteilt, und man spricht von einer „Gleichgewichtsposition". Steht der talseitige Fuß vorne, befindet man sich nicht im Gleichgewicht, weil das gesamte Gewicht allein auf dem hinteren Fuß ruht. Da man den Pickel ja als Sicherung benützen will, ergibt sich daraus die logische Folgerung, ihn nur dann weiter zu bewegen, wenn man sich in einer Gleichgewichtsposition befindet. Beim Steigen entwickelt sich bald ein Rhythmus: Pickel herausziehen, weiterführen, einrammen, ein Schritt aus dem Gleichgewicht mit Unterstützung des Pickels, der nächste Schritt in eine Gleichgewichtsposition, Pickel herausziehen usw. Solange der Pickel sicher oberhalb einer Person eingerammt werden kann und nur dann herausgezogen wird, wenn man sich in einer Gleichgewichtsposition befindet, besteht auch in den steilsten Schneehängen keine Notwendigkeit, zusätzlich mit einem Seil zu sichern, da man sich selbst sichert. Viele Bergsteiger rammen den Pickel nicht mit genügend Nachdruck ein, was sich sehr zu ihrem Nachteil erweisen könnte, und was oft daran liegt, daß sie den Pickel mit der Haue nach hinten halten. Es wird mit der Zeit nämlich schmerzhaft, den Handballen über der schmalen Haue zu halten. Wenn der Pickel richtig, mit der Haue nach vorne gehalten wird, bildet die Schaufel eine Stütze für die Handfläche.

Wenn ein Schräganstieg zu anstrengend wird, sollte man die Richtung wechseln (Zickzackanstieg). Hierzu setzt man den Pickel aus einer Gleichgewichtsposition weit oben und leicht hinter dem Körper ein und benützt ihn als Stütze. Dann wird der talseitige Fuß vorgeführt. Während der bergseitige Fuß den ersten Schritt in die neue Richtung macht, wendet sich der Körper dem Hang zu. Man steht nun mit weit gespreizten Füßen gegen den Hang. Indem man den Pickel als Drehpunkt benützt, dreht man den Körper weiter in die neue Richtung und setzt den anderen Fuß nach, bis man wieder im Gleichgewicht ist.

In steilem Gelände wirkt sich ein zu langer Pickel sehr nachteilig aus. Man muß ihn immer relativ hoch herausziehen, um ihn tief genug einrammen zu können, was auf die Dauer sehr ermüdend ist. Auf hartem Schnee ist ein langer Pickel noch problematischer, denn oft steht der Pickelschaft sehr weit heraus und bietet deshalb keine

Die beiden Fotos zeigen piolet canne. *Unten im Gleichgewicht, oben im Ungleichgewicht.*

Piolet panne *(Stütztechnik) und Stufentreten in einem Hang mit den Händen als Gleichgewichtshilfe.*

Sicherung. Ein zu kurzer Pickel ist ebenfalls nicht sicher, weil er in weichem Schnee ausbrechen wird und bei geringerem Neigungswinkel den Kletterer dazu verleitet, sich zum Hang zu lehnen. Die Wichtigkeit, den Pickel als Selbstsicherung zu verwenden, kann nicht genügend betont werden; damit sie verläßlich wird, benötigt man einen Pickel mit der richtigen Länge, einen ausgeprägten Gleichgewichtssinn, eine kräftige Durchzugsbewegung von Arm und Schulter und etwas Mut.

Der Anstieg in der Fallinie ist zwar schneller, aber ermüdender als im Zickzack zu gehen. In weichem Schnee tritt man mit dem Gesicht zum Hang Stufen und hält den Pickel in *„piolet canne"* Stellung, indem man ihn immer oberhalb des Körpers in den Hang einrammt. An mäßig geneigten oder steilen Hängen wird bei festem Schnee die *„piolet canne"* Stellung durch die „piolet panne" Stellung (Stütztechnik) ersetzt. Hierbei hält man den Pickel wie bei *„piolet canne"*, verankert jedoch die Haue in Schulterhöhe fest im Schnee. In steilen Hängen mit weichem Schnee hält man den Pickel quer und umklammert mit beiden Händen den Pickelkopf. Bei dieser Technik, *„piolet manche"* (Einrammen des Pickelstiels bei quergehaltenem Pickel) genannt, findet die Breitseite des Pickelschaftes mehr Halt im Schnee. Ist der Schnee so hart, daß der Schaft nicht vollständig hineingetrieben werden kann, hält eine Hand den Pickelkopf, während die andere Hand den Schaft an der Stelle umfaßt, an der er im Schnee verschwindet. Ich möchte noch einmal betonen, daß der Pickel eine Sicherung darstellt, und man deshalb seine Stellung nur verändern wird, wenn die Füße einen sicheren Stand haben und der Körper sich im Gleichgewicht befindet.

Piolet manche. *Man beachte die Reepschnur, die Pickel und Hüftgürtel verbindet. (Siehe Kapitel 6)*

58

Piolet panne *(Stütztechnik) und*
Frontalzackengehen in verharschtem Schnee
auf Eis. Aufgenommen im Karakorum in
etwa 6000 Metern Höhe.

Beim Gehen im Schnee ist das Stufentreten die übliche Beinarbeit. Je
nach Schneeverhältnissen ist die hierbei anzuwendende Technik
einfach. In weichem Schnee oder im Bruchharsch sinken die Füße
automatisch ein; auf hartem Schnee und Firneis muß man oft mehrmals treten. Im schlimmsten Fall erreicht man auch mit mehreren
kräftigen Tritten eine kleine Kerbe, auf der höchstens die Stiefelspitze oder der Sohlenrand Platz finden könnte. Liegt weicher
Schnee auf einer harten Unterlage, so erzeugt eine gleitende Vor-
wärtsbewegung des Schuhes eine sichere Stufe.
Mit zunehmendem Gleichgewichtsgefühl und wachsendem Vertrauen in die Selbstsicherungsmöglichkeiten des Pickels wird man
allmählich dazu übergehen, kleinere Stufen zu treten, um Zeit und
Kraft zu sparen. Manchmal kann sogar körniges Eis ohne Steigeisen
erklettert werden, indem man die natürlichen Unebenheiten der
Oberfläche ausnützt. Befindet man sich auf einem aperen und fla-

chen Gletscher, und ist das Eis gut und griffig, sollte man sich überlegen, die Steigeisen im Rucksack zu lassen, weil man, besonders am frühen Morgen, wenn die Eiskristalle noch fest sind, schneller und müheloser vorankommt als mit den Eisen.

Wenn man in Schnee, der an der Oberfläche weich oder morsch, darunter jedoch noch gefroren ist, Stufen tritt, können Steigeisen von großem Nutzen sein, da ihre Frontalzacken in die feste Unterlage eindringen. Von ganz besonderem Nutzen und sogar notwendig sind sie, wenn Neuschnee auf einer Eisschicht liegt. Unter diesen Umständen geht dann das Stufentreten in ein verstecktes Frontalzakkengehen über.

Möglichkeiten der Selbstsicherung

Die Bedeutung der Selbstsicherung mit Pickel habe ich ganz besonders betont. Wendet man sie richtig an, sollte man fast nie zu einem Mittel Zuflucht nehmen müssen, das man „Bremslage" nennt. Dieses „fast nie" kann vielleicht nur einmal eintreten, dann aber extrem wichtig sein. So wird z. B. ein Bergsteiger, der unerwartet und unvorhergesehen auf eine Eisplatte tritt, sich sehr schnell etwas einfallen lassen müssen, bevor er die Kontrolle über seine Talfahrt verliert. Das Einnehmen der Bremslage ist keine instinktive Handlung, sondern vielmehr eine erlernbare Fähigkeit. Die einfache Bremslage ist leicht zu erlernen; sie wird aber sehr kompliziert, wenn man kopfüber fällt, oder sich sogar überschlägt. Ein Hang kann so steil oder so vereist sein, daß, wenn man nicht sofort und blitzschnell reagiert, um Halt zu finden, ein Aufhalten des Sturzes oft überhaupt nicht mehr möglich ist. Deshalb muß es für den angehenden Bergsteiger oberstes Gebot sein, das Einnehmen der Bremslage in allen denkbaren Situationen zu üben. Der geeignete Übungshang hierfür sollte konkav sein – oben steil mit einem Auslauf auf flachem Schnee, der frei von Felsen ist.

„Wäre es nicht besser, den Pickel mit der Schaufel nach vorne zu halten, sodaß man schneller in die Bremslage gelangt?" Diese Frage ist mir oft gestellt worden, und zwar meistens von denen, die die falsche „Standardpickelhaltung" gelernt haben. Sicherlich muß der Bergsteiger, der zum Einnehmen einer Bremslage gezwungen ist, zuerst seine Hand auf dem Pickelkopf umdrehen, was jedoch nicht mehr als den Bruchteil einer Sekunde in Anspruch nehmen sollte. Das Einnehmen der Bremslage geht folgendermaßen vor sich: Eine Hand umklammert den Pickelkopf so, daß der Daumen unter der Schaufel liegt, die andere Hand umklammert den Schaft am Dorn. Man hält den Pickel schräg vor der Brust, wobei sich die Schaufel in Schulterhöhe und der Dorn in Höhe der gegenüberliegenden Hüfte

befindet. Das Grundprinzip der Bremspickeltechnik besteht darin,
die Haue des Pickels in den Hang zu treiben, um die Abwärtsbewe-
gung aufzuhalten. Die Haue wird in den Schnee gepreßt, wobei man
darauf achten muß, daß der Pickelkopf nicht über Schulterhöhe
hinausrutscht. (Wird der Pickel höher eingesetzt, wird es immer
schwieriger, ihn festzuhalten.) Der Körper wird so gebogen, daß
sich sein ganzes Gewicht auf Pickel und Schuhspitzen verlagert.
Obwohl dies für eine wirksame Bremslage ganz entscheidend ist,
wird dies oft vernachlässigt. Deshalb sollte man die Hand, die den
Dorn umfaßt, vom Schnee weghalten, um somit zwangsweise den
Körper abzubiegen und das Gewicht auf die Haue zu verlagern.
Sollte man dies vergessen, so wird man sehr schnell unsanft daran
erinnert werden, weil sich der Dorn im Schnee verfängt und einem
so den Pickel aus den Händen windet. Um das Gleichgewicht zu
stabilisieren, sollte man die Beine spreizen. Nun hat man drei
Haltepunkte: den Pickel und beide Füße. (Trägt man jedoch Steigeisen, darf man die Füße nicht in den Schnee drücken, da man sonst
rücklings aus dem Hang katapultiert würde, sondern muß stattdes-
sen die Knie benutzen. Man wird einige Zeit benötigen, um sich all
diese Dinge sicher merken zu können).
Auf hartem Schnee muß man darauf achten, die Haue nicht zu abrupt
sondern dynamisch in den Schnee zu pressen, um somit allmählich
eine Bremswirkung zu erzielen. Am besten macht man dies, vorausgesetzt man gleitet nicht sowieso schon in Bauchlage, indem man
sich in Richtung auf die Haue zu umdreht und sie allmählich
belastet. Dreht man sich hingegen in Richtung auf den Dorn zu und
gräbt diesen in den Schnee, so wird man den Pickel auf plötzliche und
dramatische Weise verlieren. Jeder kann dies an einem Übungshang
ausprobieren!

Eine wichtige Voraussetzung für das erfolgreiche Einnehmen der Bremslage ist, so schnell wie möglich in die richtige Stellung zu gelangen. Die ersten Übungen kann man aus der Bauchlage probieren. Erst dann sollte man versuchen, sich aus der Rückenlage in die richtige Position, immer in Richtung Haue, zu drehen. Da man von vornehrein bei einem Sturz nicht weiß, in welcher Hand sich der Pickel befindet, muß die Bremspickeltechnik sowohl mit der linken als auch mit der rechten Hand geübt werden. Fühlt man sich hierbei sicher, sollte man die schwierigeren Fälle wie das Abbremsen eines Sturzes kopfvoraus oder kopfvoraus nach hinten üben. Dabei muß man stets versuchen, aus jeder Position so schnell wie möglich in die Bremslage und zum Stillstand zu kommen. Gleitet man kopfvoraus abwärts, so wird der Pickel quer vor dem Körper aufliegen, die Haue auf eine Seite gedreht sein und der Schaft nachgeschleppt werden. Dreht man nun den Schaft, um somit Druck auf die Haue auszuüben, erzielt man den gleichen Effekt, wie wenn man die Räder eines Autos nur auf einer Seite bremst, – eine Schleuderbewegung entsteht. Die Füße werden herumschwingen und sich so lange um die bremsende Haue drehen, bis man sich in der normalen Bremslage befindet. Das psychische Überwinden der Angst, sich rücklings einen Hang hinuntergleiten zu lassen, wird wohl der schwierigste Teil der nächsten Übung sein. Gleitet man in Rückenlage mit dem Kopf voraus abwärts und ist wieder in der Lage, sich zu orientieren, hält man den Pickel quer in Höhe der Körpermitte, die Haue zur Seite gedreht, und beginnt dann, die Bremspickeltechnik anzuwenden. Kann man sich in diesem Moment aufrichten, ist dies sehr nützlich. Die Bremse wird bewirken, daß die Beine auf die andere Seite schwingen, und durch starken Zug aus der Schulter kann man nunmehr in die normale Bremslage kommen. Dies erfordert allerdings einige Übung. Der letzte Übungsfall ist ein Sturz, bei dem man sich überschlägt, und hierbei kann ich jedem nur „viel Glück" wünschen.

Abstieg im Schnee

Bei einer meiner ersten Bergfahrten brachte mir Fred Beckey das Abfahren bei. Beckey war ein toller Skifahrer und fuhr auf seinen Schuhsohlen genauso ab wie er Ski fuhr, aufrecht und wedelnd. Den Pickel ließ er entweder im Rucksack oder hielt ihn weit vom Körper weg. Daraufhin verließen Ken Weeks und ich jeden Abend unser Zeltlager und fuhren stundenlang Schneehänge ab, wobei wir immer versuchten, die einzelnen Bögen wie Beckey zu wedeln.
Einmal waren Fred und ich in den Tetons und stiegen einen körnigen Eishang am Mount Owen ab. Eine Seilschaft, die schon viele Stunden vor uns aufgebrochen war, seilte sich mühsam unter Ver-

wendung von Eishaken über den Hang ab. Fred gab mir sein Eisbeil, schnappte sich mit jeder Hand einen Winkelhaken und stob wie wild das Eis hinunter. Angesteckt von seiner Begeisterung folgte ich ihm so gut ich konnte. Die anderen fielen fast in Ohnmacht, als sie uns vorbeirauschen sahen. Als wir später am Abend in einer Kneipe saßen, kamen die gleichen Burschen herein und erzählten jedem, daß sie heute zwei Verrückte gesehen hätten, die einen Eishang am Mount Owen abgefahren wären. Das machte unseren Tag erst recht zu einem Erlebnis!

Wo immer möglich, sollten sanfte, mäßig geneigte und sogar steile Hänge abgefahren werden. *Abfahren* ist nicht nur sehr praktisch,

Abfahren im Stehen.
Foto Tom Frost.

sondern macht auch großen Spaß. Der ideale Schnee zum Abfahren ist fest genug, um zu tragen, an der Oberfläche jedoch leicht aufgeweicht. Ist die Oberfläche rauh und gefroren, entsteht zu viel Reibung, und man wird sogar auf steilen Hängen nicht mehr in der Lage sein, wirklich ins Gleiten zu kommen. Der späte Nachmittag eignet sich am besten zum Abfahren, da zu dieser Zeit die Schneedecke aufgeweicht ist. Wartet man bis der Abendfrost einsetzt, wird man entweder gehen oder sogar Steigeisen anlegen müssen. Um die Kunst des Abfahrens zu beherrschen, ist es zwar günstig, ein guter Skifahrer zu sein, aber noch wichtiger ist die Übung. Grundsätzlich kann man auf drei Arten abfahren: *Im Stehen, im Hocken* und *im Sitzen.*

Das Abfahren im Stehen ist am sichersten, vergnüglichsten, aber auch am schwierigsten zu erlernen. Ein guter Bergsteiger wird meistens diese Art anwenden. Die Technik gleicht der des Skifahrens. Die Füße sind parallel, die Knie leicht gebeugt. Sie dienen als Stoßdämpfer. Das Körpergewicht wird über die Fußballen verlagert. Liegt das Gewicht über den Zehen, kann man leicht stolpern, legt man das Gewicht über die Fersen, so erzielt man eine Bremswirkung. Je steiler der Hang, umso mehr muß man sich vorlehnen, um das Gewicht über die Füße zu bringen. Durch Belastung der Fersen verlangsamt man die Fahrt und kann sogar zum Stillstand kommen, indem man die Füße etwas seitlich ausdreht. Die beste Kontrolle hat man jedoch, indem man Bögen fährt. Ein Bogen wird eingeleitet, indem man den Oberkörper und nachfolgend die Beine und Füße in die neue Richtung dreht. Durch Abwinkeln der Knie und Fußknöchel werden die Schuhsohlen auf die Kanten gestellt und unterstützen damit die Drehbewegung. Entlastung kann besonders in Schnee, der viel Reibung erzeugt oder auf schwach geneigten Hängen günstig sein. Man erreicht sie, indem man eine Beuge-Streck-Bewegung durchführt, oder indem man auf der talwärts liegenden Seite kleiner Buckel dreht.

Wie ich vorhin bemerkt habe, hat Fred Beckey seinen Pickel beim Abfahren nicht benutzt. Viele Bergsteiger der „frühen amerikanischen Schule" lernten, stets auf einen Sturz beim Abfahren gefaßt zu sein; sie wurden deshalb dahingehend ausgebildet, den Pickel stets so zu halten, daß ein sofortiges Abbremsen im Falle eines Sturzes möglich war. Aber man kann sich vorstellen, wie schlecht man Skifahren würde, wenn man die Arme nicht frei hätte, weil man immer einen Eispickel in bremsbereiter Haltung vor der Brust halten müßte. Deshalb erfordert richtiges Abfahren, daß die Arme weit vom Körper gestreckt werden, frei schwingen können, um Rhythmus und Gleichgewicht aufrecht zu erhalten. Man hält deshalb den Pickel in der „*piolet canne*" Stellung, ähnlich wie einen Skistock. Geht man beim Abfahren im Stehen nicht weit genug in Vorlage,

Abfahren im Stehen. Der Pickel wird wie ein Skistock gehalten.

Gegenüber, Abfahren im Hocken. Foto Tom Frost.

Einleitung einer Fußbremse. Der Pickel sollte unterhalb des Fußes eingerammt werden, sodaß sich in dem Augenblick, in dem man zum Stehen kommt, Pickel und Fuß gegenseitig verankern.

werden die Beine unter einem weggerissen, und man wird die Kontrolle verlieren. Ein weiteres Problem entsteht aus plötzlich wechselnden Schneeverhältnissen. Man findet das spätestens dann heraus, wenn man auf einem sonst weichen Hang plötzlich in harte Eisklumpen hineingleitet. Mit der Zeit werden Technik und Selbstvertrauen die Haltung verbessern, und die Erfahrung wird dazu beitragen, jene harten, normalerweise dunkleren Eis- und Schneeflecken zu vermeiden.

Fährt man einen nur leicht geneigten Hang ab, kann die Reibung stärker als die Schwerkraft sein. Um nicht ganz zum Stillstand zu kommen, sollte man, ähnlich wie ein Langläufer, lange, flache Schlittschuhschritte machen. Diese Technik eignet sich auch hervorragend dazu, Geschwindigkeit zu gewinnen.

Man muß sich einmal vorstellen, man kurvt vergnügt herum, hält den Pickel wie einen Skistock, der Pickelstiel zeigt nach vorne (und wird nicht im Schnee hintennach geschleppt), und plötzlich stößt man auf einen harten Eisbrocken und stolpert. In solch einem Falle nützt man sein Fallmoment dazu aus, den Pickel mit ausgestrecktem Arm unterhalb der Füße einzurammen. Man wird dann – vorausgesetzt der Pickel wurde fest genug gehalten – kurz unterhalb der Stelle, an der man gestürzt ist, zum Liegen kommen. Der Pickel wird normalerweise in der stärkeren Hand gehalten. Man rammt ihn ein, indem man eine kräftige Bewegung aus Handgelenk, Arm und Schulter ausführt, ähnlich wie ein Torero, der seinen Degen in den Nacken eines Stieres stößt.

Diese Sicherungsmöglichkeit mit dem Pickel während des Abfahrens kann man nicht über Nacht lernen. Man benötigt sehr viel Übung, um sie instinktiv und sicher zu beherrschen. Man wird nicht immer in der Lage sein, gleich zum Stillstand zu kommen, aber wenn man seine Arme freimacht, wird es einem besser gelingen, sein Gleichgewicht zu halten und kontrollierter abzufahren. Der richtige Weg, das Abstoppen mit Selbstsicherung zu üben, besteht darin, einen ganzen Hang lang immer wieder die Füße querzustellen und abzustoppen. Diese „Fußbremse" erreicht man dadurch, daß man einen Bogen beginnt, dann die Fersen energisch in den Schnee drückt und dabei gleichzeitig die Beine streckt. Die Füße bleiben beim Kanten eng zusammen. Sind sie leicht offen, so liegt das ganze Gewicht auf dem oberen Bein; und natürlich sind zwei Kanten bzw. Bremsen besser als eine! Bei jedem dieser Versuche sollte man gleichzeitig den Pickel mit ausgestrecktem Arm, aus der Schulter und unter Zuhilfenahme des Körpergewichts möglichst nahe bei den Füßen einrammen. Bei richtiger Koordination des Bewegungsab-

laufs erfolgt das Bremsen der Füße gleichzeitig mit dem Pickeleinsatz.

Hänge, die wegen ihrer Steilheit, oder weil sie keinen Auslauf haben,
sehr gefährlich sind, können sicher abgefahren werden, indem man
sie schräg querend abfährt. Man sollte jedoch sicherheitshalber nach
drei bis fünf Meter die Fußbremse einsetzen und stehen bleiben.
Wie ich schon bemerkt habe, kann man fast immer stehend abfahren.
Wenn jedoch ein Hang keinen sicheren Auslauf hat oder zu steil ist,
sollte man *in der Hocke* abfahren. (Gelegentlich wende ich diese
Methode an, um einen Hang zu testen, bevor ich ihn stehend
abfahre.) Die Technik besteht im wesentlichen darin, auf seinen
Fersen sitzend abzufahren, um den Schwerpunkt so tief und so nahe
wie möglich zum Schnee zu bringen. Das Gleichgewicht ist leicht zu
halten, und bei einem Sturz fällt man nicht so weit bzw. aus einer
weniger ungünstigen Position. Diese Methode ist aber nicht unbedingt sicherer. In Hockstellung ist es schwieriger zu drehen, und die
Fußbremsung kann weniger wirksam eingesetzt werden. Die
gesamte Körperhaltung ist weniger dynamisch und anpassungsfähig, aber immerhin kann man hierbei den Pickeldorn als Bremse
benutzen, und im Falle eines Sturzes kommt man schneller in die
Bremslage. Beim Abfahren in der Hocke wird der Pickel so gehalten
wie früher die Bremser eines Schlittens ihre Bremsstangen gehalten
haben. Dies wird als *„piolet ramasse"* (Pickelausleger) bezeichnet. Die
flache Seite des Schaftes schaut dabei in die Fallinie, wodurch der
Pickeldorn mehr Angriffsfläche bietet und besser bremst.
Man sollte darauf achten, die Haue vom Gesicht fernzuhalten und
sicherstellen, daß die Hand, die den Pickelstiel hält, so nah wie
möglich an der Schneeoberfläche bleibt, um eine Hebelwirkung zu
verhindern. Sehr steile Hänge quert man schräg und bremst sowohl
mit dem Pickel als auch mit den Füßen.

Ist der Schnee zu weich, um auf den Füßen abzugleiten, kann man
sitzend abfahren. Das Tragen von Überhosen wird sich als günstig
erweisen, weil man dadurch besser rutscht. Man kann auch seinen
Anorak zwischen den Beinen durchziehen und ihn als Sitz benutzen.
Hilft auch das nichts, so bleibt nur noch, sich flach in den Schnee zu
legen. Damit kommt man viele matschige Hänge herunter, aber man
muß sich vorher genau den Auslauf angesehen haben, weil man aus
dieser Position so gut wie nichts sieht. Über einen Hang, an dem
Naßschneelawinen abgehen können, kann man am besten absteigen,
indem man sich eine Rinne sucht, in der schon ein- oder zweimal
Lawinen abgegangen sind, einen erneuten Schneerutsch auslöst und
auf ihm sitzend abfährt.
Hat man auch nur die geringsten Bedenken, sollte man einen Hang
nicht abfahren! Es ist zwar langsamer aber sicherer, mit dem Gesicht

Abrutschen im „Otter Slide" einem
1000 Meter langen Gully im Karakorum.

zum Tal abzusteigen, indem die Ferse des gestreckten Beines eine Stufe tritt. Man sollte dabei sein gesamtes Körpergewicht einsetzen, denn nur wenn man wirklich kräftig in den Hang tritt, ist man sicher. Auf mäßig geneigten Hängen wird der Schaft des Pickels bei jedem Schritt nur teilweise in den Schnee gerammt, jedoch muß man stets darauf gefaßt sein, ihn unverzüglich vollständig einrammen zu müssen, falls die Füße rutschen sollten. Auf steileren Hängen rammt man den Pickel so weit wie möglich hangabwärts vollständig ein. Dann folgt man mit zwei kräftigen Tritten nach, bevor der Pickel wieder tiefer gesetzt wird. Somit ist der Bergsteiger auch im Falle eines Sturzes gesichert.

Fühlt man sich beim Abstieg mit dem Gesicht zum Tal unsicher, dreht man sich mit dem Gesicht zum Hang und tritt Stufen, indem man den Pickel in der „piolet manche" Stellung hält. Hierbei kann man, ohne daß dies zu Lasten der Sicherheit ginge, viel Zeit und Kraft sparen, wenn man seine Schritte so lang wie möglich macht. Ein erfahrener Bergsteiger würde nichts dabei denken, das berühmte Schneefeld am kanadischen Snowpatch Spire abzufahren, den Pickel dabei wie einen Skistock zu halten und mit eleganten Schwüngen bis an den Rand des 300 Meter hohen Abbruches zu wedeln. Für einen durchschnittlichen Bergsteiger wäre dies jedoch unverantwortlich und tollkühn. Bevor man nicht die Schneeverhältnisse genauestens untersucht hat, sollte man sich niemals in einen Hang begeben. Gibt es keinen sicheren und zuverlässigen Auslauf, ist äußerste Vorsicht geboten. Schwierige Passagen kann man angeseilt abfahren, wobei jeweils einer der beiden Partner unterwegs ist. Wendet man hierbei die Hüft-Pickelsicherung an, die in Kapitel 6 beschrieben wird, so geht dies sehr schnell.

Ein leicht schräges Absteigen ermöglicht es, den Pickel leichter unter sich einzurammen, und bevor er wieder versetzt wird, so weit wie möglich abzusteigen.

Aller guten Dinge sind drei". Mit diesen Worten begrüßte uns der Hüttenwirt der Argentière Hütte im Mont Blanc Massiv. Layton Kor und ich waren schon zweimal hier gewesen und hatten vergeblich versucht, die Nordwand der Aiguille Verte zu machen. Jedesmal hatte uns das Wetter einen Strich durch die Rechnung gemacht. Im Sommer 1966 war das Wetter katastrophal, und keine der großen klassischen, kombinierten Touren mit Ausnahme des Walkerpfeilers an den Grandes Jorasses, der nach acht Biwaks von einer mehr als enthusiastischen japanischen Seilschaft gemacht worden war, wurde begangen. Obwohl es schon Anfang September war, und Kor und ich den ganzen Sommer über geklettert waren, hatte keiner von uns auch nur eine der großen Eisführen, deretwegen die Alpen so berühmt sind, machen können. Da wir nun unter Zeitdruck standen, hatten wir nichts dagegen, falls die Verhältnisse einigermaßen günstig wären, einiges an Risiko auf uns zu nehmen.

Meinen Rucksack hatte ich noch nicht abgelegt, als Layton schon mit einem ganzen Arm voller Bierdosen aus der Hütte trat. Auf der Terrasse sitzend betrachteten wir einige der berühmtesten Eisanstiege der Erde im Alpenglühen: die Triolet, unglaublich steil und gefährlich ausschauend mit ihren hängenden Séracs; die Courtes, 900 Meter Eis und vereiste Felsen; die Droites, die schwierigste Eisführe in den Alpen, deren Erstbegehung fünf Tage erforderte und die 1966 erst drei Wiederholungen zählte. Die ersten 250 Meter dieser Route bestehen aus 55 bis 60 Grad steilem Eis auf unkletterbaren Felsplatten. Sichern ist oft wegen der geringen Stärke des Eises unmöglich. Der letzte Gipfel, der an diesem Abend sein goldenes Glühen verlor, war der zweithöchste Gipfel der französischen Alpen: die Aiguille Verte mit ihrem Couloir Couturier, die von den großen Nordwänden des Argentière-Kessels die am wenigsten schwierige ist. Eigentlich war die Verte unser Ziel gewesen, aber der Himmel war zu blau und die Verhältnisse zu gut; kaum war die Sonne weg, lag die Temperatur bereits unter dem Gefrierpunkt. Nein, die Verte konnten wir immer noch machen! Wir sollten uns etwas wirklich Großes vornehmen – vielleicht die Courtes. Der Sohn des Hüttenwirts meinte, daß ihre direkte Nordwand bisher nur sechsmal gemacht worden wäre. Wenn man bedenkt, daß ein so schwieriger Anstieg wie die Triolet bisher vielleicht hundertmal begangen wurde, so ist dies ein eindrucksvoller Beweis der zu erwartenden Schwierigkeiten.

Mitternacht. Ich wälze und drehe mich mit weit geöffneten Augen im Bett. Ich kann nicht schlafen, und werde immer ärgerlicher, weil ich doch schlafen muß! Bis zum Aufbruch bleibt nur noch eine Stunde. Kor kämpft mit ähnlichen Schwierigkeiten, und so packen wir in einem Anfall von Zorn unser Zeug zusammen und stürzen hinaus ins Mondlicht. Das Überqueren des Gletschers stellt bei so hellem Mondlicht kein Problem dar. Am Bergschrund angelangt, nehmen wir ein zeitiges Frühstück zu uns. Oder handelt es sich um ein verspätetes Abendessen? Wir binden uns in einem Abstand von zehn Meter ins Seil, gehen jedoch gleichzeitig. Kor geht vorne mit Stirnlampe, Eispickel, Eisstichel und Steigeisen. Für mich besteht die ganze Welt nur aus einem kleinen Flecken 50 Grad geneigten und gefrorenen Firns; darüberhinaus ist nichts als Dunkelheit. Über mir bewegt sich ein anderes Licht mit der gleichen Geschwindigkeit. Immer wieder schlagen wir den Eisstichel, die Haue des Pickels und die Frontalzacken ins Eis, bedienen uns der „deutschen Technik", die zwar sehr effizient, aber für die Beinmuskulatur äußerst ermüdend ist, und die bei weitem nicht so ausgeprägt und vielseitig anwendbar ist wie die französische. Bei gleichzeitigem Gehen sind auch 150 Meter 50 Grad steiles, hartes Eis schnell hinter sich gebracht.

Es ist jetzt drei Uhr, bitterkalt, und wir freuen uns über unsere neuen, mit Innenschuhen ausgestatteten Bergstiefel. Da der Schnee in Eis übergegangen ist, und die Steilheit beträchtlich zunimmt, beginnen wir zu sichern. Wir erklimmen zwei Passagen 55 bis 60 Grad steilen, weißen Eises, indem wir teilweise Stufen schlagen und teilweise auf den Frontalzacken gehen. Die beiden nächsten phantastischen, 60 Grad steilen Seillängen gehen wir mit Hakensicherung nur auf den Frontalzacken. Das Licht der Morgendämmerung bringt uns die Ausgesetztheit zum Bewußtsein. Verglichen mit dem, in dem wir uns jetzt befinden, sieht der 50 Grad Hang unter uns wie eine Rampe aus. Obwohl der Neigungswinkel allmählich geringer wird, fahren wir fort zu sichern und setzen wegen der Ehrfurcht gebietenden Ausgesetztheit und wegen unserer müden Beine Eishaken. Da gelegentlich Eisbrocken vorbeischwirren, befestige ich den Eishaken, den ich als Stichel benutze, mit Hilfe einer Reepschnur an meinem Hüftgurt*. Sollte ich nunmehr einen Fels- oder Eisbrocken herunterkommen sehen, kann ich ihn schnell anbringen.

Wir haben es nun mit verschiedenen Schneeverhältnissen zu tun: hartem Schnee, Wassereis und Pulverschnee – diese wechseln einander alle zehn Meter ab. Wegen unserer schmerzenden Waden haben wir nun beide von der Frontalzackentechnik ziemlich genug und schwören uns, bevor wir das nächste Mal einen Anstieg wie diesen unternehmen, die französische Technik zu erlernen. Da der Nachsteigende, wenn er den Standplatz des Führenden erreicht, so müde ist, daß er nicht weiterführen kann, wechseln wir uns nicht mehr beim Führen ab. Einer von uns führt jeweils über drei Seillängen, und dann wechseln wir. Der Mangel an Schlaf, großer Flüssigkeitsverlust und die Auswirkungen der Höhe erlauben uns nur, im Schneckentempo vorwärts zu kommen. Auf dem Gipfel bin ich restlos erschöpft. Im Abstieg sichert mich Layton über alle heiklen Stellen hinunter. Es besteht eindeutige Lawinengefahr (vor ein paar Tagen sind auf den gleichen Hängen zwei Personen umgekommen), aber wir haben keine andere Wahl als abzusteigen. In einer Lawinenbahn lösen wir einen Schneerutsch aus, springen auf und reiten mit ihm direkt über den aufgefüllten Bergschrund hinunter. Wir sind zu müde, um Angst oder Freude dabei zu empfinden. Bei Einbruch der Dunkelheit erreichen wir nach einem langen, harten Tag die Couvercle Hütte.

---

* Anmerkung des Übersetzers: *In den USA ist es üblich, um die Hüfte anzuseilen. Diese Anseilmethode ist nur dann unproblematisch, wenn sich der Kletterer einem ausreichenden Sturztraining unterzogen hat und dadurch in der Lage ist, einen Sturz zu kontrollieren. Ohne Sturztraining und/oder gleichzeitigem Tragen eines Rucksacks als Seilerster birgt die Hüftanseilmethode große Gefahren. Siehe Lehrmeinung des Sicherheitskreises des DAV.*

3
Gehen im Eis

Die französische Technik

Wenn der Schnee so hart ist, daß man keine Stufen treten kann, so muß man entweder Stufen schlagen oder Steigeisen anlegen. Für kurze Strecken ist das Stufenschlagen geeigneter, während man auf langen Strecken mit Steigeisen schneller vorankommt. Die Franzosen nennen ihre Steigeisentechnik zu Recht *„pied à plat"* – was wörtlich übersetzt „Flachfuß" bedeutet. Der Fuß wird immer parallel zum Hang, also mit der gesamten Fußfläche aufgesetzt. Für diese Technik ist der hartgefrorene Firn oder das weiche Eis der Westalpen, in das die Steigeisenzacken leicht oder ohne großen Kraftaufwand eindringen, ideal. Die französische Technik eignet sich auch für Wassereis in mäßig geneigtem Gelände.

Die französische Technik ist im Gegensatz zur Frontalzackentechnik schwierig zu erlernen. In ihrer Grundform stellt sie einen feinfühligen, meistens seitlichen Gang auf dem Eis dar, der jedoch, wenn er perfekt ausgeübt wird, eine sehr wirksame Anstiegsmethode ist. Es gibt wenige Bergsteiger in der Welt, die die reine französische Technik wirklich beherrschen. Die Schwierigkeit liegt darin, einen ausgeprägten Sinn für Gleichgewicht und ein Gefühl für die Haftung zu entwickeln. Man stützt sich auf drei Haltepunkte, wobei man einen jedoch während des Weiterbewegens kurzzeitig aufgeben muß. Dies hat zur Folge, daß der Körper nur schwer im Gleichgewicht gehalten, und man nur durch eine wirklich exakte Technik ein Gefühl der Sicherheit entwickeln kann. Um dieses Gefühl für Gleichgewicht und Haftung zu entwickeln, benötigt man viel Übung. Nicht zuletzt muß man, um im steileren Eis gehen zu können, seine Technik ständig verbessern. Der Durchschnittsbergsteiger muß und sollte sich unbedingt darauf beschränken, die französische Technik nur auf mäßig geneigten Hängen anzuwenden. Aber warum sollte man sich dann überhaupt mit ihr beschäftigen, wo doch das Frontalzackengehen so einfach und so leicht zu erlernen ist? Die französische Technik hat gegenüber der Frontalzackentechnik einige Vorteile. Da bei ihr die Füße flach aufgesetzt werden, wirkt sie auf die Wadenmuskeln weniger ermüdend. Weil das Körpergewicht auf mehrere Zacken der Steigeisen verteilt wird, ist sie im weichen oder brüchigen Eis sicherer, da die Gefahr eines Ausbrechens der Zacken geringer ist. Beim Abstieg entspricht die französische Technik sehr stark den üblicherweise auch im Fels gebräuchlichen Abstiegstechniken, bei denen man mit dem Gesicht zum Tal oder seitlich geht. Als ihre Nachteile muß man ihre begrenzte Anwendungsmöglichkeit in sehr steilem und hartem Eis und natürlich die Schwierigkeit, sie zu erlernen, nennen.

Die Technik beim Eisklettern hängt von der Qualität des Schnees oder des Eises, der Hangneigung und bis zu einem gewissen Grad auch von der Kondition des Kletterers ab. Die Möglichkeit, zwischen mehreren Techniken zu wählen, erlaubt es dem Kletterer, jeweils eine andere Technik anzuwenden, wenn gewisse Muskelpartien ermüdet sind. Der hervorragende Felskletterer Chuck Pratt aus dem Yosemite erzählte mir einmal, daß er der Meinung sei, das Eisklettern biete größere Entfaltungsmöglichkeiten als das Felsklettern, weil man hierbei bei der Auswahl der Techniken, die für ein bestimmtes Problem angewendet werden können, nicht so beschränkt sei. Eine 50 Grad steile Passage aus Firneis kann mit einer Vielzahl von Techniken und Geräten erstiegen werden. In manchen Seillängen meiner Eiskletterein habe ich schon mehr als ein Dutzend Mal die Technik gewechselt, um mit den unterschiedlichen Verhältnissen fertig zu werden. Besteht aber, sei es nun im Fels oder im Eis, das Wesen des Kletterns nicht darin, ständig wechselnde Schwierigkeiten mit sauberer Technik, Anmut und Haltung zu überwinden?

Eigenschaften des Eises

Eis entsteht entweder direkt durch gefrierendes Wasser oder indirekt durch die fortgesetzte Umwandlung des Firns, wobei sich die Schneedecke immer mehr verdichtet. Erreicht diese einen luftdichten Zustand, so spricht man von Eis.

Jedes Eis, in das die Zacken der Steigeisen leicht eindringen, kann man als *weiches Eis* bezeichnen. Härter als Firn ist *Firneis,* das meistens die Übergangsschicht zwischen dem Firn und dem Gletschereis bildet. Firneis findet man oft an der Oberfläche von Hängen mit einer härteren Eisgrundlage.

Morsches oder *körniges* Eis besteht aus schlecht zusammenhängenden Eiskörnern. Man findet es meistens auf sonnigen Hängen oder im Sommer auf tieferliegenden Gletschern vor, wenn es tagsüber sehr warm ist und nachts kaum gefriert. Haben die Körner eine feste Bindung, so spricht man von *Gletschereis*. Darüberhinaus gibt es noch eine andere Art von Eis, die *weißes, weiches Eis* genannt wird.

Da in ihm eine Menge Luft eingeschlossen ist, sieht es oft schaumig aus.

Eis entsteht ebenfalls durch atmosphärische Bedingungen. *Anraum* ist eine matte, weiße Ablagerung, die durch das Anfrieren von feinsten Wassertröpfchen (Kondensation) an der dem Wind zugewandten Seite von Gegenständen entsteht. Ablagerungen dieser Eisart bilden sich immer gegen den Wind auf. Anraum entsteht oft in feuchten Gebirgsgegenden, die in der Nähe von Meeren liegen, z. B. in den Cascade Mountains, in den südlichen Anden und in Schottland. *Rauhreif* unterscheidet sich vom Anraum dadurch, daß aufsteigender Wasserdampf (Sublimation) aus der Luft sich an festen Gegenständen niederschlägt. Geschieht dies an der Oberfläche des Schnees, so nennt man dies *Oberflächenreif.* Gewöhnlich entsteht dieser während kalter, klarer Nächte, wenn durch starke Abstrahlung und Ableitung die Sublimationswärme des Schnees abgeführt wird. In jeder Nacht, die ich auf den Schneefeldern des Mount Kenia verbrachte, konnte ich diesen Oberflächenreif, der auf Grund der kalten Nächte und warmen Tage entstand, beobachten. Am Morgen mußte ich mit Handschuhen klettern, weil sonst die rasiermesserscharfen Kristalle des Oberflächenreifs meine ungeschützten Knöchel sofort zerschunden hätten.

Dringt die Sonneneinstrahlung durch die oberste Schneeschicht, und erzeugt sie so einen Schmelzvorgang unmittelbar unter der Schneeoberfläche bei gleichzeitigem Herrschen von Kältegraten an der Oberfläche, so entsteht *Firnspiegel*. Entsteht in steilen Schneehängen diese dünne Schicht, so ergeben sich daraus ganz eigenartige Kletterbedingungen. In der Nordwand des Mount Fay in Kanada habe ich einmal Firnspiegel angetroffen. Obwohl die steilste Passage fast 80 Grad steil war und aus hartem, weißem Eis bestand, war sie verhältnismäßig leicht zu klettern, denn ich konnte da und dort durch den Firnspiegel durchbrechen und ausgezeichnete kleine Tritte und Griffe finden.

In *hartes Eis,* das auch *Wassereis* genannt wird, können die Zacken der Steigeisen kaum eindringen. Seine Härte, Plastizität und Sprödigkeit werden je nach Alter, Temperatur und der Luftmenge, die darin enthalten ist, verschieden sein. *Hartes, weißes Eis* ist weiß und undurchsichtig und enthält viele deutlich sichtbare Luftblasen. Es ist normalerweise neu entstandenes Eis, oft geschichtet und spröde. Gefrorene Wasserfälle bestehen oft aus hartem, weißem Eis. Um gute Verhältnisse für ihre Besteigung vorzufinden, wählt man am besten einen Tag, der nicht warm genug ist, um das Eis schmelzen zu lassen, aber auch nicht so kalt, daß das Eis spröde wird.

Sprödes Eis ist normalerweise frisch entstandenes Eis, das entweder nach Regen oder durch den täglichen Schmelz- und Gefrierkreislauf entsteht. Es liegt oft nur ein paar Zentimeter dick an der Oberfläche, und man braucht nur diese Schicht abzuschlagen, um darunter besseres Eis vorzufinden.

Grünes Eis ist klares Wassereis mit wenigen Luftblasen. Es verändert sich so lange in Härte und Farbe, bis es sehr klar, dicht und hart wird. In Gegenden wie in Alaska und in der Antarktis, wo extreme Temperaturen den Alterungsprozeß beschleunigen, nimmt diese Art von Eis eine bläuliche Farbe an. Deshalb kann man *blaues* und *grünes* Eis nicht immer genau unterscheiden. *Schwarzes Eis* ist sehr altes Eis in Rinnen, das mit Schmutz und Kies vermischt ist. Es ist äußerst hart, ähnlich wie Stahlbeton. Schlägt man mit der Pickelhaue auf dieses Eis, so hat man das Gefühl, auf Plastik zu schlagen. Es bleibt zwar nur eine kleine Kerbe, aber die Pickelhaue neigt dazu, in ihm haften zu bleiben. In schwarzem Eis Stufen zu schlagen, ist ziemlich schwierig, aber zum Glück trifft man es sehr selten an.

Glaseis ist dünnes Wassereis auf Felsen. Es entsteht durch Regen oder Schmelzwasser, die auf Felsen gefrieren. Bei gefrierendem Regen gefrieren unterkühlte Regentropfen beim Auftreffen auf den Fels sofort. Dadurch bildet sich eine Eisauflage, die allerschwierigste Kletterbedingungen erzeugt, denn Steigeisen greifen in dem dünnen und fast unsichtbaren Eis noch nicht, Profilgummisohlen haften aber nicht mehr. Eine der eindrucksvollsten und erschütterndsten Photographien, die ich je gesehen habe, zeigt zwei deutsche Kletterer, die in einem Kamin von gefrierendem Regen überrascht wurden. Man sieht auf dem Bild zwei, hinter einer Zentimeter dicken Schicht aus klarem Eis, eingefrorene Körper.

Aus der Farbe des Eises oder deren Fehlen kann man besonders wichtige Schlüsse ziehen. Undurchsichtigkeit deutet normalerweise auf Weichheit, Farbe auf Härte, Klarheit auf Sprödigkeit, Risse und Sprünge auf Schwachstellen hin, es kann aber genauso gut das Gegenteil bedeuten. Nur durch Erfahrung lernt man, die Feinheiten des Eises zu verstehen.

Zusätzlich zur physikalischen Beschaffenheit der verschiedenen Arten von Eis spielt auch seine Neigung eine wichtige Rolle. Ich haben viele Berichte in alpinen Zeitschriften gelesen, in denen Kletterer sich mit 60 und 70 Grad steilen Passagen schwarzen Eises herumschlagen. Normalerweise beträgt aber der Neigungswinkel dieser Anstiege selten über 50 Grad und besteht aus hartem Schnee oder weichem Eis. Sogar der Walkerpfeiler an den Grandes Jorasses hat nur eine Neigung von 50 Grad! Untersucht man Eiskletterphotos näher, (natürlich nicht diejenigen in diesem Buch!), so wird man feststellen, daß sie sehr oft mit einer gekippten Kamera aufgenommen sind, um den Hang steiler erscheinen zu lassen. Es ist aber sehr schwer, Schnee- und Eispassagen steil aussehen zu lassen, weil sie in Wirklichkeit selten steil sind.

Die großen Schnee- und Eiswände der Alpen haben eine durchschnittliche Neigung von 45 bis 55 Grad. Rinnen mit Wassereis können steiler und gefrorene Wasserfälle natürlich senkrecht sein. Verläßt man sich auf ein Führerhandbuch oder auf die Einschätzung anderer, kann man normalerweise 10 Grad abziehen, um zu einer realistischeren Beurteilung der tatsächlichen Hangneigung zu kommen. Um Mißverständnisse zu vermeiden, möchte ich deshalb einen Hang bis zu 30 Grad als „leicht geneigt", von 30 bis 45 Grad als „mäßig steil", von 45 bis 60 Grad als „steil" und von 60 Grad und mehr Neigung als „extrem steil" einstufen. Es gibt noch eine weitere Kategorie der Hangneigung, die so weitläufig verwendet wird, daß ich alles zwischen 80 und 90 Grad als „senkrecht" bezeichnen werde.

Gehen mit Steigeisen

Steigeisen sind ein äußerst wichtiger Ausrüstungsgegenstand des Eisgehers. Heutzutage kann man viele verschiedene Ausführungen kaufen: Gelenkeisen oder starre Eisen, verstellbare Eisen oder solche, die es nicht sind, Eisen mit langen oder kurzen Zacken; einige Eisen haben nur vier Zacken, die meisten aber zehn oder zwölf. Wie soll der angehende Eiskletterer nun seine Wahl treffen? In Wirklichkeit ist dies eigentlich ganz leicht. Am besten ist es, ein starres, zwölfzackiges Modell mit mittellangen Zacken (32 mm) zu kaufen, wenn man beabsichtigt, viel im harten Eis zu klettern. Für leichtere Kletterei reicht fast jedes Modell eines zwölfzackigen Gelenkeisens aus. Nur wenn man seine Steigeisen verstellen kann, ist es möglich, einen guten Sitz am Schuh zu gewährleisten. Außerdem bietet dies einen großen Vorteil, wenn man andere Schuhe benützt. Eine eingehende Besprechung der Steigeisen ist in Kapitel 4 zu finden, da die verschiedenen Nuancen der Eisen für die Frontalzackentechnik von Bedeutung sind.

Pied à plat: *Die französische Technik ist dem Reibungsklettern auf Felsplatten verblüffend ähnlich.*

Angehende Eiskletterer fragen mich oft, wo sie das Gehen mit Steigeisen üben sollen. Ich mache ihnen dann klar, daß für das Eisklettern die Eisbrüche die gleiche Bedeutung haben wie Boulderblöcke für das Felsklettern. In ihnen kann man hervorragend seine Fähigkeiten entwickeln, und das halbweiche Gletschereis, das man dort vorfindet, ist ideal für die französische Technik geeignet. Liegt kein Gletscher in der Nähe, kann man auf Felsplatten oder steilen Grashängen üben. (Ich mußte schon mehr als einmal Steigeisen benützen, um einen schlüpfrigen Grashang zu ersteigen!) Bei den ersten Schritten mit Steigeisen an den Füßen wird wohl das Hauptproblem darin bestehen, nicht über seine eigenen Füße zu stolpern. Beim Steigeisengehen hält man die Füße weiter auseinander als beim normalen Gehen. Man lernt schnell, darauf zu achten, daß man seine

Hoch im Diamond Couloir am Mount Kenia.
Foto Mike Covington.

Strümpfe, Überhosen und Gamaschen mit den ungewohnten, scharfen Zacken nicht zerreißt. Ebenso schnell bemerkt man, daß die Zacken besser eindringen, wenn man den Fuß senkrecht in den Schnee setzt und nicht mit einer waagrechten Schleifbewegung. Das Gehen auf dem muscheligen und unebenen Firn eines Sommergletschers eignet sich ideal dazu, um die Fußgelenke vor einer Kletterei zu lockern. Bei Anwendung der französischen Technik muß man in der Lage sein, die Fußgelenke leicht abwinkeln zu können. Da sie gerade dies hervorragend beherrschen, sind die alten, französischen Führer in dieser Technik so gut. Sie haben die Bänder ihrer Fußgelenke über Jahre hinweg so sehr gedehnt und beansprucht (Kniebeschwerden und lockere Fußgelenke sind alte Kletterkrankheiten), daß sie auch auf einem 50 Grad steilen Hang ihre Füße ganz ohne Schwierigkeiten flach aufsetzen können. Bei hohen und steifen oder neugekauften Schuhen ist es ratsam, sie am Anfang nicht ganz hochzuschnüren.

Die französische Steigeisentechnik gleicht in hohem Maße dem Reibungsklettern auf Felsplatten. Die Beinarbeit und Körperbewegungen sind identisch. Man stelle sich vor, auf einer glatten Felsplatte, die sich allmählich aufsteilt, zu klettern. Der Bewegungsablauf erfolgt etwa so: 1. Man geht direkt aufwärts. 2. Man spreizt die Füße in einem Winkel von ungefähr 90 Grad; 3. Man dreht die Hände nach der Seite, wobei die Füße nach vorne zeigen. Man klettert schräg aufwärts, wobei der Innenarm den Körper im Gleichgewicht und weg vom Felsen hält. 4. Man richtet die Fußspitzen nach unten und dreht den Körper immer weiter nach außen, bis man schließlich an der Grenze der Haftung beinahe mit dem Rücken den Felsen berührt; 5. Zum Schluß wendet man sich mit dem Gesicht zum Fels und benutzt mit der Stiefelspitze kleine Tritte. Den ersten vier Phasen ist gemeinsam, daß man die Schuhsohlen immer flach auf den Fels aufsetzt; erst in der letzten Phase muß man auf die Zehenspitzen (Frontalzacken) umsteigen.

Mit Steigeisen und einem Pickel als Unterstützung kann man steilere Hänge gehen als wenn man nur mit Reibung klettert. Gleichgewicht gepaart mit Haftvermögen ist das Erfolgsgeheimnis des Eiskletterns. Wie beim reinen Reibungsklettern erreicht man das Haftvermögen, indem man versucht, soviel von der Fußsohle wie nur irgendmöglich in Kontakt mit dem Fels oder Eis zu bringen; das Gleichgewicht erhält man, indem man das Körpergewicht immer direkt über den Füßen hält.

Pied marche, piolet canne.
Foto Tom Frost.

Piolet ramasse *(Pickelausleger) in einem mäßig steilen Hang. Der Pickel wurde gerade höher gesetzt, und der Kletterer ist im Gleichgewicht. Vor dem nächsten Schritt muß jedoch der Knöchel des bergseitigen Fußes abgewinkelt werden, damit alle Zacken des Steigeisens sicher greifen können.*
Foto Tom Frost.

Aufstieg im Eis

Ähnlich wie beim Reibungsklettern ergeben sich bei der Begehung eines sich allmählich aufsteilenden, gefrorenen Schneehanges folgende Phasen: 1. Auf dem sanften Hang geht man gerade aufwärts, indem man den Eispickel wie einen Spazierstock *(piolet canne)* hält. 2. Mit zunehmender Hangneigung gehen die Füße automatisch in eine V-Stellung über (Entengang = *en cancard)* 3. Steilt der Hang weiter auf, dreht man sich und steigt diagonal auf, wobei man immer darauf achten muß, den Pickel auf der Bergseite zu halten. Bei jedem Richtungswechsel wechselt auch der Pickel von einer Hand in die andere über. (in einem solchen Augenblick zeigt sich der Nachteil einer Handgelenksschlaufe). Wird das Auftreten immer anspruchsvoller, benötigt man eine bessere Stütze und wendet deshalb den eleganten „Pickelausleger" *(piolet ramasse)* an, wobei der Pickel quer vor dem Körper gehalten wird. 4. In noch steilerem Gelände wechselt man zum wirksameren Ankerpickel über *(piolet ancre)*. In dem immer steiler werdenden Eis dreht man die Beine nach außen, um weiterhin flach auftreten zu können. Am extremsten Punkt, kurz

bevor man die Frontalzacken zu Hilfe nimmt, sollte der talseitige Fuß hoch, mit gerade nach unten zeigender Schuhspitze hinter dem Körper stehen. Man sitzt dann beinahe auf ihm, wenn man den Pickel höher setzt. Diese Technik heißt *„pied assis"*. (Ruheposition). Die schwierigeren Techniken werden später noch in allen Einzelheiten beschrieben. Die jeweils dazugehörigen Photographien sollte man ebenfalls sorgfältig studieren.

Bei der *„piolet-ramasse"* Technik (Pickelausleger) hält man den Pickel beinahe horizontal quer vor der Hüfte, während die Haue in die Richtung zeigt, in die man geht. Eine Hand faßt den Pickelkopf, während die andere sich kurz oberhalb des Dorns befindet. Ein oft begangener Fehler besteht darin, daß man den Pickel zu aufrecht hält mit dem Pickelkopf in der Nähe der Schulter. Dies verleitet dazu, sich zum Eis zu lehnen und so aus dem Gleichgewicht zu kommen. Sollte man in eine solch unangenehme Lage kommen, ist es am besten, die Schulter zu lockern, die Arme fallen zu lassen, sodaß der Pickel quer vor die Körpermitte zu liegen kommt, auszuatmen, kurz zu entspannen, und neu anzufangen. Nun wird der Vorteil eines 70 Zentimeter langen Pickels deutlich. Sein Dorn erreicht gerade das Eis, wenn man auf einem mäßig geneigten Hang im Gleichgewicht steht. Die Hand am Schaftende drückt den Dorn mit seiner Breitseite in den Schnee. Auf leicht geneigten Hängen stehen die Füße parallel, aber wenn es steiler wird, zeigt die Spitze des äußeren Fußes abwärts; indem man so das Knöchelgelenk in diese angenehmere Richtung beugt, wird es entlastet. Alle Zacken des Eisens haben Kontakt mit dem Hang und greifen, vorausgesetzt der Schnee ist weich, mit ihrem gesamten Querschnitt. Wie beim Reibungsklettern nutzt man alle Unregelmäßigkeiten des Geländes aus.

Die Knie werden vom Hang abgewinkelt, auseinander gehalten, das Körpergewicht wird direkt über den Füßen gehalten. Der Pickel wird nur in einer Gleichgewichtsposition, wobei das äußere Bein hinter und unterhalb des inneren Beines sich befindet, weiterbewegt und neu eingerammt.

Am Anfang wird das flache Aufsetzen des Fußes auf dem Hang ein Problem sein. Hierbei muß man sicherstellen, daß die Stiefel an den Fußgelenken biegsam genug sind. Beim Höhersteigen sollten die Knöchel entspannt und der Fuß locker sein. Beim Aufsetzen auf den Hang werden die hangseitigen Zacken automatisch zuerst greifen. Ist in diesem Augenblick der Knöchel entspannt, wird der Fuß nach außen rollen und sich so lange um die oberen Zacken drehen, bis die unteren Zacken ins Eis greifen. Nun steht man auf einer stabilen Unterlage und der Knöchel hat, ohne sich zu überanstrengen, mit einer kleinen Drehung die nötige Biegung erreicht. Stets sollte man sich daran erinnern, daß die *„piolet ramasse"*-Technik (Pickelausleger) erfunden wurde, um Kraft zu sparen.

Bei einem Richtungswechsel bringt man aus einer Gleichgewichtsposition den äußeren Fuß ungefähr auf die gleiche Höhe wie den
inneren. Die Schuhspitze zeigt hierbei leicht nach oben. Dann dreht
man mit dem inneren Fuß in die neue Richtung. Schließlich wechselt
man die Handhaltung am Pickel und bringt den äußeren Fuß in eine
neue Gleichgewichtsposition. Dann stellt man den Pickel nach und
kann in der neuen Richtung weitergehen.

Geht man von mäßigen zu steilen Hangneigungen über, funktioniert
das flache Aufsetzen der Füße nach wie vor gut, aber nur mit dem

Richtungswechsel.
Foto Tom Frost.

Klettern mit piolet ancre (Ankerpickel).
In der Gleichgewichtsposition wird nun der
Pickel höher versetzt.

Unten, der französische Bergsteiger André
Contamine demonstriert piolet ancre
(Ankerpickel). Man beachte, wie der Schaft des
Pickels vom Hang weggehalten wird.

Pickeldorn als Stütze wird man sich allmählich unsicher fühlen, und man schaut sich deshalb nach besseren Sicherungsmöglichkeiten um. Die naheliegendste Lösung ist es, die Haue in den Schnee zu schlagen, mit der anderen Hand den Pickelkopf zu umklammern, indem der Daumen unter die Schaufel zu liegen kommt, steigt in eine neue Gleichgewichtsposition auf und setzt den Pickel neu. Diese Technik wird als „piolet ancre" bezeichnet (Ankerpickel). Manchmal kann man, während man am Pickelschaft vorbei höher steigt, mehrere Schritte machen, bevor man Schwierigkeiten mit dem Gleichgewicht bekommt.

Damit hat sich der Pickel von einer Gleichgewichtshilfe zu einem Zuginstrument gewandelt, womit die Eigenschaften der Haue, die gewährleisten, daß sie unter den verschiedensten Eisverhältnissen hält, Bedeutung gewinnen. Viele moderne Pickel gleichen heute eher einem Mord- als einem Kletterinstrument. Schwingt man einen richtig gebauten Pickel so, daß die Krümmung der Haue mit dem Bogen des Schwunges übereinstimmt, so dringt er am ruhigsten ins Eis ein. Ist der Pickel gesetzt, wirkt die Krümmung der Haue dabei als Unterstützung, den Pickel in seiner Position zu halten. Ältere Modelle sind nicht genügend gekrümmt und neigen dazu, auszubrechen, sobald man sie mit Zug belastet.

Die gekrümmte Haue besitzt eine Schneide, eine scharfe Spitze und einige tiefe Einkerbungen, die mit dazu beitragen, sie im Eis zu verankern. Die meisten Bergsteiger müssen beim Ankerpickel die Schwierigkeit überwinden, ungeschickt und unruhig zu schlagen. Man kann diese Tendenz, den Pickel beim Schlagen unruhig zu führen, dadurch minimal halten, daß man auf einen bestimmten Punkt zielt.

Ein zweites, kniffligeres Problem besteht darin, zu wissen, in welcher Richtung der Pickel nach dem Verankern zu belasten ist. Ist die Haue verankert, erscheint es logisch, den Pickelschaft so lange zu senken, bis auch der Dorn auf dem Eis ruht. Immerhin wären ja zwei Haltepunkte sicherer als einer. Aber in Wirklichkeit lockert dies die Haue in ihrem Loch im Eis, gibt die Zähne frei, und der Pickel wird ausbrechen, trotz seiner hervorragenden Krümmung. Deshalb ist genau das Gegenteil richtig. Ein sanfter und ständiger Zug nach außen am Schaftende verankert Haue und Zähne im Eis. Steigt man entlang des Pickelstiels höher, bis man über dem Pickelkopf steht, darf man nie vergessen, daß jeder Druck von oben auf den Pickelkopf den gleichen Effekt erzeugt wie den Dorn zum Eis zu führen. Hält man den Schaft des Pickels vom Eis entfernt, so bleibt der Körper im Gleichgewicht, weil er sich nicht zum Hang lehnen kann. Um den Pickel zu lösen, drückt man einfach den Stiel nach unten, und er kommt heraus.

Je steiler der Hang ist, um so mehr zeigen die Fußspitzen hangabwärts und um so mehr müssen die Knöchel abgewinkelt werden.
Auch der Körper dreht sich weg vom Hang. In extrem steilem
Schnee steht man fast mit dem Rücken zum Hang. Wird es so steil,
daß es schwierig wird, den inneren Fuß zwischen Hang und äußerem
Fuß vorzuführen, kann man mit winzigen Nachstellschritten weiter-
kommen. Dabei ist der obere Fuß weiterhin oben, der untere Fuß
weiterhin unten zu halten; die Füße dürfen nie gekreuzt werden.
Hierbei kann es erforderlich sein, den Pickel nach jedem Schritt zu
versetzen. Anfänger neigen sogar auf mäßig geneigten Hängen zu
diesem schleppenden Gang. Dies ist jedoch eine sehr schlechte
Angewohnheit, weil dieser Gang langsam ist und nicht dazu bei-
trägt, den Gleichgewichtssinn des Kletterers zu entwickeln.
Hat man Schwierigkeiten, im Gleichgewicht zu bleiben, während
man den Pickel höher stellt, drückt man den Körper weg vom Hang,
dreht sich mehr talwärts, spreizt die Knie weit und beugt sie nach
vorne. In extrem steilen Hängen wird es immer wieder schwierig
sein, das Gleichgewicht zu halten, während man den Pickel löst, um
ihn höher zu setzen. Ein zusätzlicher Schritt, genannt „pied assis", zu
dem normalen Dreierrhythmus des Ankerpickels hinzugefügt, wird
hier dem Körper mehr Sicherheit verschaffen. 1. Aus einer Gleichge-
wichtsstellung heraus schlägt man den Pickel so hoch wie möglich in
Ankerstellung ein. 2. Dann bringt man den äußeren Fuß hoch und
nach vorne. (Höher hinauf, aber nicht so weit nach vorne wie in der
normalen Ankerstellung). 3. Der innere Fuß wird wie üblich nachge-
stellt. 4. Dann stellt man den äußeren Fuß so unter das Gesäß, daß die
Schuhspitze gerade nach unten zeigt. Jetzt kann man sich „hinsetzen"
wie in eine Trittleiter bei künstlichen Kletterein. Durch dieses
Verrenkungskunststück müßte man wieder so viel Gleichgewicht
gefunden haben, um den Pickel herausnehmen und versetzen zu
können. Man sollte beachten, daß der Körper einen Bogen bildet,
um gegen die Hangneigung im Gleichgewicht zu bleiben.

Abstieg im Eis

Um wieder auf das Beispiel des Reibungskletterns zurückzukom-
men, sollte man auch hier beachten, daß das Erfolgsgeheimnis darin
liegt, die Füße flach aufzusetzen. Steigt man über eine allmählich
steiler abfallende Felsplatte ab, geht man folgendermaßen vor:
1. Man geht normal hinunter (pied marche). 2. Man spreizt die Füße in
einem Winkel von 90 Grad zueinander in V-Stellung (pied en cancard),
beugt und spreizt die Knie weit und lehnt den Körper vor. 3. Der
Körper dreht sich seitwärts, während die Fußspitzen schräg nach
unten zeigen. (pied à plat). 4. Man dreht das Gesicht zum Hang und

Eine Demonstration von piolet ancre
(Ankerpickel) Fotos Rob Taylor.

In Ruheposition, pied assis. *Foto Tom Frost.*

steigt auf den Fußspitzen unter Verwendung von Tritten und Griffen ab.

Das gleiche sollte man auf einem gefrorenen Firnhang versuchen.

Piolet canne, pied marche: Hierbei muß der Pickel so weit wie möglich vorne eingesetzt werden, wobei man den Körperschwerpunkt direkt über die Füße bringt. Die Fußspitzen zeigen an sanften Hängen gerade nach unten und sind in mäßig geneigten Hängen in V-Stellung *(en cancard).* An steileren Hängen benützt man *piolet ramasse:* Pickelausleger. Dies entspricht der klassischen Abfahrtshaltung, außer daß der Pickeldorn ins Eis gestoßen wird, und der Pickel, während die Füße abwärts bewegt werden, als Stütze dient.

86

Hierbei lehnt man sich, um im Gleichgewicht zu bleiben, weit vor und umfaßt den Schaft des Pickels an der Stelle, an der er in den Schnee eindringt. Wird der Hang noch steiler, kommen zwei weitere Techniken dazu: Einmal „piolet appui". „Appui" heißt Unterstützung, und die wird gegeben, wenn man kurze, steile Passagen absteigt. Dabei wird die Haue nicht in den Schnee geschlagen, sondern liegt an der Oberfläche auf, ebenso der Dorn. Bei der „piolet rampe"-Technik (Geländerpickel) wird die Haue in umgekehrter Ankerstellung soweit wie möglich unterhalb des Körpers eingeschlagen. Während des Vorwärtsschreitens gleitet die Hand wie an einem Geländer am Pickelschaft entlang und übt gleichzeitig einen leichten Zug nach außen auf den Pickelstiel aus, bis man am Pickelkopf vorbei ist. Nun zieht man die Haue heraus, und setzt den Pickel erneut weiter unten ein. Stets bleiben hierbei die Knie nach vorne gebeugt und weit gespreizt, die Füße in V-Stellung (en canard), und der Körper lehnt sich so weit wie möglich nach vorne. Um gut beherrscht zu werden, bedarf diese Technik einer gehörigen Portion Mutes. Nur wenn man am Pickelstiel nach außen zieht, kann man im Gleichgewicht bleiben. Dies gleicht sehr stark dem Drehen in die Fallinie, wenn man einen steilen Hang mit Skiern befährt – ein Zögern oder ein Zurücksitzen beschwört eine Katastrophe herauf. Unter idealen Bedingungen können auf diese Art über 70 Grad geneigte kurze Passagen abgestiegen werden.

Wird es zu steil, um mit dem Gesicht nach vorne abzusteigen, dreht man sich seitwärts. Mit dem Gesicht zum Hang sollte man nur gehen, wenn es nicht mehr anders möglich ist. Im seitlichen Abstieg über solch steiles Gelände wendet man „piolet ancre" (Ankerpickel) auf die gleiche Weise an wie im Aufstieg, nur umgekehrt. Das Problem besteht darin, den Pickel, nachdem er ja für die Ausführung eines vollen Schwunges konstruiert wurde, so weit wie möglich hangabwärts zu verankern. Anstatt seinen Schlag zu verkrampfen, sollte man versuchen, den Pickel horizontal und seitlich zu verankern, dann schräg abwärts gehen und den Schaft drehen, während man am Pickel vorbeigeht.

Viele Anfänger sind der Meinung, daß die französische Technik sowohl im Aufstieg als auch im Abstieg Oberschenkel, Beine und Knöchel sehr ermüdet. Dies kommt daher, daß sie noch keinen dynamischen Rhythmus entwickelt haben. Sie halten ständig mitten im Schritt inne, wobei ihr ganzes Körpergewicht auf einem Bein liegt. Normalerweise befinden sie sich nicht im Gleichgewicht, sodaß sie den Pickel noch mehr umkrampfen müssen, was sie noch mehr aus dem Gleichgewicht bringt usw. Selbst das Gehen auf der Straße wäre sehr ermüdend, würden wir vor jedem Schritt einen Moment halten und auf einem Bein stehen. Gehen oder Klettern ist nur deshalb mühelos, weil es rhythmisch geschieht.

André Contamine in piolet appui/pied à plat *Stellung im Gletschereis. Malinda Chouinard macht das gleiche auf einer Felsplatte.*

Die meisten Menschen können die Technik des Ankerpickels oder das Frontalzackengehen erlernen, was jedoch nichts bedeutet. Den wirklichen Bergsteiger zeichnet darüberhinaus aus, daß er in der Lage ist, all diese einzelnen Bewegungen rhythmisch zu verbinden. Durchquert man einen schwierigen Eisbruch, muß man, um sich den verändernden Bedingungen und dem Gelände anzupassen, alle paar Meter die Technik wechseln. Das reibungslose Aneinanderreihen all dieser Techniken macht die Kunst des Eiskletterns aus. Nur durch ständiges Üben erhält man die Fähigkeit, den Gleichgewichtssinn und das Selbstvertrauen, um mühelos und sicher in der französischen Technik zu klettern.

Gegenüber, Abstieg über einen kleinen Eiswulst mit Hilfe von piolet ramasse/pied en canard. *(Pickelausleger/Entengang).*

Die Fotos rechts zeigen piolet rampe *(Geländerpickel). Man beachte die großen Schritte, die gemacht werden. Um Zeit zu sparen, wird der Pickel erst dann wieder versetzt, wenn die Hand am Pickelkopf angelangt ist. Fotos Tom Frost.*

89

Dennis Hennek, Mount Mendel

Dezember ist normalerweise nicht gerade die Zeit des Jahres, in der man ohne Skier in die Sierra geht, aber in diesem Jahr hatte es erst einen großen Schneesturm gegeben, und das war schon im Oktober gewesen. Der Aufstieg über den harten Schnee zum Lamarck Pass war wirklich leicht, und wir kamen dort am frühen Nachmittag an. Von der Passhöhe konnten wir direkt hinüber in das Couloir am Mount Mendel einblicken und uns wurde sofort klar, warum dieses bisher noch nie unter wirklich harten Eisbedingungen gemacht wurde. Es gibt nichts Schlimmeres, als direkt in eine Eisrinne zu schauen!

Dennis Hennek und ich stiegen in den Kessel ab und fanden dort eine Höhle, in der wir unseren Biwaksack ausbreiten konnten . Wir verbrachten eine unruhige Nacht, weil wir ständig an den nächsten Tag dachten und fühlten uns sehr einsam und angespannt. Über den White Mountains brach der Morgen in den strahlendsten Farben an. Eine Stunde später schneite es leicht. Auf den unteren Hängen, die im Oktober sicherlich vereist sein müßten, traten wir Stufen. Als es steiler wurde, hielten wir uns an die Felsen, sodaß wir Klemmkeile als Sicherung benutzen konnten. Weiter oben trafen wir auf Pulverschnee, der auf schwarzem, schmutzigem Eis lag. Ich versuchte, eine Stufe zu schlagen, aber obwohl ich den Pickel mit beiden Händen schwang, konnte ich das Eis nur ritzen. Es war, als würde man versuchen, in eine Asphaltstraße zu schlagen. Dies war erst das zweite Mal, daß mir wirkliches Schwarzeis begegnete. Da es nur 45 Grad steil war, glaubte ich, daß es leichter wäre, es mit den Frontalzacken zu nehmen, anstatt zu versuchen, Stufen zu schlagen. Ich baute eine gute Sicherung im Fels über mir und hielt mich mit den Fingerspitzen am Felsen, während ich mit den Füßen auf dem Eis ging. Wenig später kam ich in die Hauptrinne, deren Eis grün war. Obwohl es auf 55 Grad aufsteilte, konnte man in dem Zeug wenigstens klettern. Mein Pickel schien gut zu halten, aber der Eishaken, den ich als Eisstichel benutzte, war praktisch wertlos. 1965 hatten wir noch keine Eishämmer. Ich stand nun 20 Meter weit vom Rand entfernt in der Rinne, an einer Stelle, an der sie sich auf über 60 Grad aufsteilte, auf meinen Frontalzacken. Da ich keinen guten Schlag ausführen konnte, drang die Haue meines Pickels kaum ins Eis. Es war verdammt steil, und gerade jetzt konnte ich mich nicht auf diesen verfluchten Stichel verlassen, um im Gleichgewicht zu bleiben.

Nun stand ich also da, unfähig, mich nach oben oder unten zu bewegen, und ganz allmählich begannen meine Füße aus dem Stand zu drehen. Es schneite nun stark, und regelmäßig gingen Triebschneelawinen ab. Ein ziemlich großer Schneerutsch begann sich zwischen mir und dem Eis aufzustauen. Ich konnte mich nicht weiter vom Hang weglehnen, um ihn vorbeizulassen, denn ich befand mich ohnehin schon an der Grenze meines Gleichgewichts. Da war ein Punkt, an dem man mich mit einem Strohhalm aus der Wand hätte schlagen können. Ich weiß nicht wie, aber auf irgend eine Weise kam ich da heraus und zurück auf den Fels, wo ich einen Klemmkeil setzte und abseilte.

In der folgenden Nacht fiel ein halber Meter Schnee, und am nächsten Morgen mußten wir uns über eine fürchterliche Geröllhalde unseren Weg zum Pass zurückkämpfen. Wir benötigten fast drei Stunden, um 200 Meter zurückzulegen. Meist krochen wir dabei auf Händen und Füßen. Dennis verlor seinen Pickel und ich brach mir in den Gesteinsbrocken unzählige Male beinahe das Bein. Das einzige was mich bewegte, weiterzugehen, war der Gedanke, zurück in meine Werkstatt zu kommen, um dort einen Hammer mit einer langen, mit Zähnen gespickten Haue zu schmieden. Dieser verfluchte Eisstichel konnte mir für immer gestohlen bleiben.

4
Die Frontal-
zackentechnik

Gehen mit Frontalzacken

Wie schon in Kapitel 1 erwähnt, waren es die Bergsteiger der
Ostalpen, die zuerst jene Technik benutzten, bei der nur die Frontalzacken des Steigeisens mit dem Eis in Kontakt kommen. Hauptursa-
che für diese radikale Entwicklung waren die härteren Schnee- und
Eisbedingungen dieser Region.

Eis wird je dichter umso härter. Die Notwendigkeit, sein Gewicht
über viele Zacken der Steigeisen zu verteilen und so viele Unterstützungspunkte zu erhalten, um feinfühlig weitersteigen zu können,
tritt damit auf Grund der Schwierigkeit, die Zacken überhaupt
eindringen zu lassen, in den Hintergrund. Also richten wir unsere bei
der französischen Technik verrenkten Knöchel wieder gerade, drehen die Knie aus ihrer bisherigen Position und wenden uns mit dem
Gesicht zum Eis.

Während man sich bei der französischen Technik mit wachsender
Steilheit immer weiter weg vom Eis dreht, rückt dem Frontalzak-
kengeher das Eis immer näher auf die Nase. Auch der Frontalzacken-
geher ist ein Gleichgewichtskletterer und sollte dies niemals vergessen. Seine Technik bietet aber einige Vorteile. Einerseits erinnert
mich der seitliche Tritt aus dem abgewinkelten Fußgelenk bei der
französischen Technik an das elegante Drippling eines Fußballspie-
lers. Andererseits kann man den kräftigen Kick des Frontalzackenge-
hers mit dem Abschuß des Torwarts vergleichen, mit dem dieser den
Ball über das ganze Fußballfeld bringen will. Man sollte sich jedoch
nicht mit der Überlegung täuschen, daß die größere Kraft, die aus
einer mechanisch günstigeren Stellung auf weniger Zacken angewandt wird, allein sicheren Halt gewähren kann. Wird das Eis kälter
und härter, wird es auch gleichzeitig zunehmend spröder. Dies
bedeutet, daß die Kraft der jeweiligen Hand oder des jeweiligen
Fußes äußerst präzise eingesetzt werden muß, um ein Splittern des
Eises oder das Ausbrechen von Eisschollen zu vermeiden. Der
Anstieg mit dem Gesicht zur Wand erlaubt zwar Armen und Beinen
eine körpergerechte, natürliche Schlagbewegung, jedoch sind viele

*Gegenüber, „Im steilen Eis muß man sich
auf die Spitzen seiner Steigeisen
konzentrieren. Niemals darf man sich davon
ablenken lassen!"
Foto John Cunningham.*

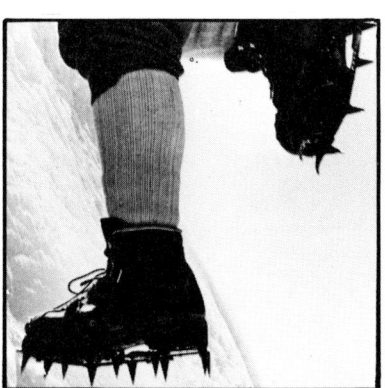

angehende Kletterer nicht daran gewöhnt, ein Werkzeug – den Pickel, das Eisbeil und die Stiefelspitze – richtig zu schwingen. In jedem Fall wäre es ein Vorteil, irgend einen handwerklichen Hintergrund zu haben (z. B. Zimmermann) und mit beiden Händen gleich geschickt zu sein.

Wenn ich von Frontalzacken oder von der Frontalzackentechnik spreche, so meine ich nicht nur die beiden waagrechten Zacken am vorderen Ende des Eisens. Die richtige Technik erfordert, daß alle vier vorderen Zacken genutzt werden. Das heißt, die zwei Frontalzacken und die beiden senkrechten, dahinterliegenden Zacken. Mit heruntergedrückten Fersen steht man mit allen vier Zacken im Eis,

Foto Tom Frost

wobei die beiden Vertikalzacken sowohl eine kleine Plattform für einen festeren Stand bilden als auch die Frontalzacken daran hindern, in morschem Eis oder weichem Schnee auszuscheren. Das Niederdrücken der Fersen entspannt die Muskeln in den Beinen. Man muß einmal versuchen, mit horizontal gestellter Schuhsohle nur auf den Frontalzacken zu stehen. Hebt man dann die Fersen an, fühlt man die Belastung in den Waden und bemerkt sofort, daß die Frontalzacken zum Ausscheren neigen. Senkt man dann die Fersen, entspannt sich die Beinmuskulatur, und der Halt wird sicherer. Im blauen Eis müssen die Frontalzacken mit einem einzigen schnellen, scharfen Tritt verankert werden. Ein zögernder und wankender Schlag verursacht Vibrationen, kann das Eis zum Splittern bringen und ergibt kein sauberes, scharfes Loch. Nachdem die Zacken gesetzt sind, kann jede weitere Bewegung sie wieder lösen. Ist der Pickel fest verankert, kann man nunmehr in einer Technik, die Cunnigham „kleinen Sprung-Hüpfer" nennt, die Füße höher setzen. Führt man diese Bewegung fließend aus, so wird diese dynamische und rasche Aufeinanderfolge von drei kleinen Schritten die Frontalzacken mit weniger Mühe fest verankern, als wenn man es einzeln versucht.

Die Geräte

Hartes, sprödes Eis stellt an die Haue des Pickels oder des Eishammers die höchsten Anforderungen. Neben der richtigen Krümmung, die dem Schwungradius entsprechen muß, hat jedes dieser Geräte eine dünne, scharfe Haue, um das Gerät leicht ins Eis eindringen zu lassen. Je dünner die Haue, je stärker sie gekrümmt ist und je tiefer ihre Zähne sind, desto besser wird sie im Eis halten. Natürlich führt eine Überbetonung dieser Eigenschaften, die die Haltekraft verbessern, zu einer Haue, die zum Stufenschlagen fast nicht mehr zu gebrauchen ist. Aber man ist sowieso froh, wenn man ohne Stufenschlagen auskommt.

Im steilen, harten Eis wird ein weiterer Vorteil des 70 Zentimeter Pickels deutlich. Durch seine Länge im Verhältnis zum Gewicht des Pickelkopfes ermöglicht er einen nahezu ausgewogenen Schlag. Sein oval geformter Schaft ermöglicht einen weniger zittrigen, präziseren und geraden Schlag. Ein gleichmäßig breiter Schaft über die ganze Pickellänge ergibt einen sichereren Griff als ein sich nach unten hin verjüngender Schaft. Je steiler der Hang ist, umso kürzer muß der Schaft des Pickels sein, damit man diesen in beengten, heiklen Positionen schlagen kann.

Beim Frontalzackengehen zeigen sich schnell die besten Eigenschaften starrer Steigeisen, die eng an der Stiefelsohle anliegen und ein präzises Auftreten im Eis ermöglichen. Die Starrheit und das Fehlen eines Gelenks dämpfen die Vibrationen und unterstützen die Haltekraft des Eisens im Eis. Starre Eisen in Verbindung mit einer steifen Stiefelsohle verzögern die Ermüdungserscheinungen im Knöchel und in der Wade. Die Frontalzacken des Eisens sollten wie die Haue am Pickel nach unten gekrümmt sein. Man hüte sich vor Frontalzacken, die zu weit auseinanderstehen. Solange man die Frontalzackentechnik nicht perfekt beherrscht und die Füße immer im richtigen Winkel ins Eis bringt, wird man sonst oft nur auf einem Zacken stehen.

Um hartes, steiles Eis gehen zu können, benötigt man Stiefel mit steifer Sohle und starre Eisen, die bestens auf der Stiefelsohle sitzen. Ein Stiefel mit weichen Sohlen in Verbindung mit Gelenkeisen ist völlig unbrauchbar für das Eisklettern. Die Frontalzacken müssen in

Foto Ruedi Homberger

Man lernt das Fliegen nicht durch fliegen. Zuerst muß man das Gehen, Rennen, Klettern und Tanzen lernen.
– Nietzsche

Man kann auf hartem Eis nicht mit weichbesohlten Schuhen tanzen.

95

das harte Eis eindringen. Die Hauptsache dafür, daß die Zacken schlecht ins Eis eindringen, ist die Vibration, die das Eis zum Splittern bringt. Vibrationen können durch stumpfe Frontalzacken, durch Frontalzacken die nach unten abgewinkelt und nicht gekrümmt sind, durch schlechten Sitz der Steigeisen, durch Schuhe mit weicher Sohle oder durch das freie Spiel im Gelenk eines Gelenkeisens entstehen. Ein gutes, gut angepaßtes Eisen wird genauso wie ein passender Kletterschuh zu einem Teil des Fußes werden. Ein Steigeisen sitzt dann gut, wenn es ohne Gurte am Stiefel hält.

In den vergangenen Jahren sind einige neue Steigeisenmodelle auf dem Markt erschienen. Ein Modell hat enge, senkrechte Frontalzakken, die im harten Eis hervorragend sind, aber im weichen Eis oder im Schnee sofort ausscheren. Bei einem anderen Modell stehen alle vier Frontalzacken nach vorne, was zwar gut für harten Schnee, aber schlecht für hartes Eis und kombiniertes Klettern ist. Es gibt sogar ein Zusatzgerät, das aufwärts gekrümmte Frontalzacken für überhängendes Eis hat! Alle diese Tricks sind zu ausgefeilt, um nützlich zu sein. Die Franzosen haben für ihre Technik ein langzackiges Steigeisen zur Anwendung im Schnee entwickelt. Die Zacken sind lang, breit und flach, um einen maximalen Halt auf dem relativ schwach gefrorenen Firn der französischen Alpen zu ermöglichen. Diese Eisen eignen sich hervorragend für harten Schnee oder das weiche Eis der französischen Alpen, Neuseelands oder des Himalayas, aber auf hartem Eis sind sie nicht zu gebrauchen, da sie dort wie Miniaturstelzen wirken. Andererseits dringen die kurzzackigen Eisen, die im härteren Eis der Ostalpen entwickelt wurden, nicht tief genug in Schnee oder morsches Eis ein. Darüberhinaus haben sie eine geringere Haltekraft. Man sollte entweder je nach Gebiet und Route das entsprechende Eisen wählen oder sich für eines mit mittellangen Zacken entscheiden.

Die Zacken seiner Steigeisen sollte man stets scharf halten und es vermeiden, mit ihnen über Felsen zu gehen. Die Zacken meiner Eisen schärfe ich vor jeder Tour mit einer Feile. Man sollte keine Schleifmaschine benützen, weil dadurch das Metall überhitzt und die Härte des Eisens verändert wird. Vor jeder Tour überprüft man sorgfältig seine Steigeisen und die Riemen der Bindung auf Schwachstellen und Sprünge. Bei verstellbaren Steigeisen sollte man darauf achten, daß die Schrauben fest angezogen sind.

Weicher, pappiger Schnee ballt sich zwischen den Zacken, wodurch zusätzliches Gewicht erzeugt und die Gefahr eines Sturzes erhöht wird. Die beste Abhilfe besteht darin, die Eisen abzulegen, da im weichen Schnee meist Stufentreten oder ein festes Einsetzen der Fersen im Abstieg ausreichen. Gelegentlich kann Matsch eine rutschige Eisunterlage verbergen, ein Fall, in dem man Eisen benötigt,

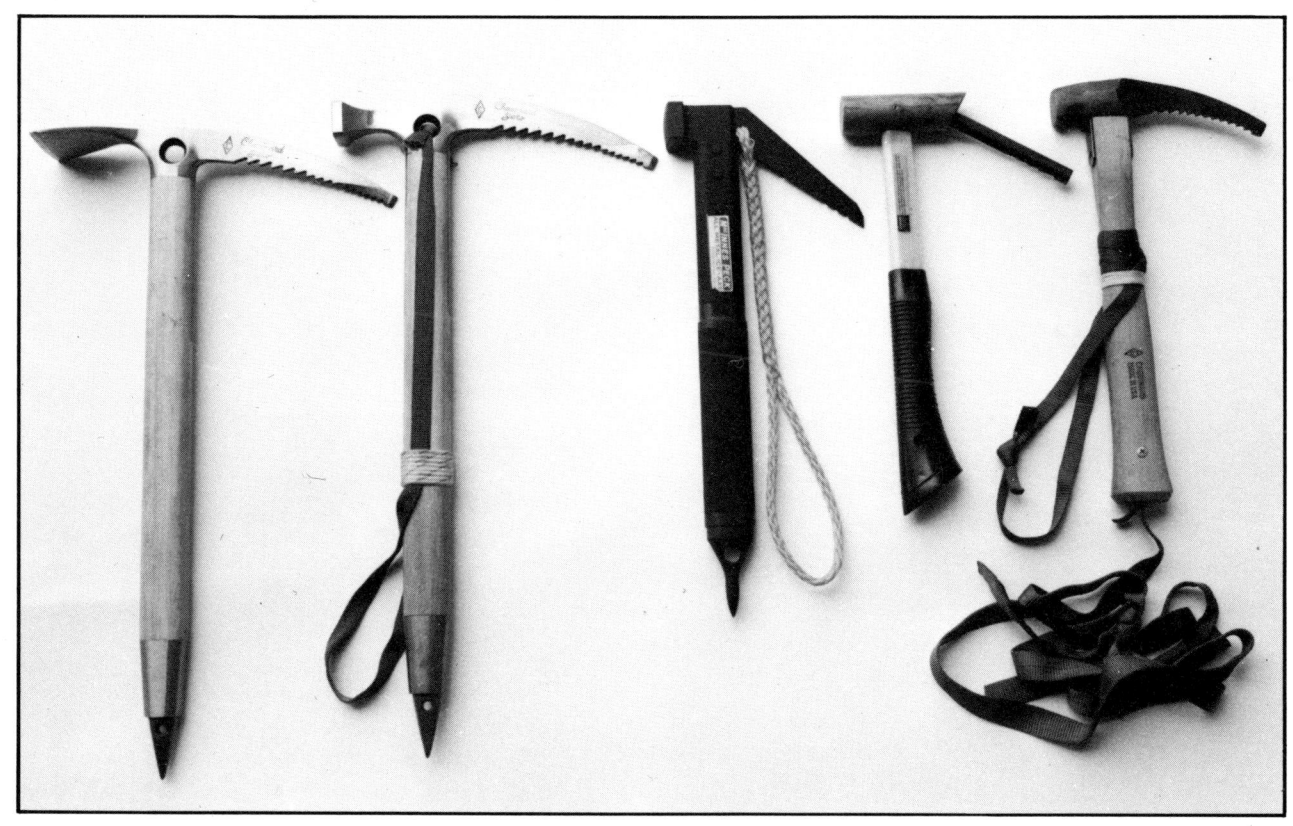

| Pickel | Eisbeil | Terrodactyl | Hummingbird | Eishammer |

obwohl sie hoffnungslos ballen. Vorwärtsschleudern der Füße bei jedem Schritt ermöglicht bei starren Eisen, deren Seitenzacken alle in einer Linie stehen, den Schnee wieder loszuwerden. Eine andere Lösung besteht darin, ein Kunststoffband oder eine Lage plastikbeschichteten Stoffes über die Zacken zu wickeln. Dies verhindert, daß der Schnee am Metallrahmen anpappen kann, sollte aber in keinem Fall als Ersatz dafür angesehen werden, die Steigeisen nicht abzunehmen, wenn sie nicht mehr gebraucht werden.

Irgendeinen Hammer trägt man auf nahezu jeder Eistour mit sich. Den Eishammer kann man dazu benutzen, Eishaken zu schlagen, Felshaken zu setzen oder deren Sitz zu überprüfen, Klemmkeile zu entfernen und Risse von Schmutz und Moos zu säubern. Das Eisbeil ist in Wirklichkeit ein kurzer (50 bis 55 Zentimeter) Pickel, der anstelle der Schaufel einen Hammerkopf besitzt. Dieses Gerät wird schon seit fast 40 Jahren von den deutschen und österreichischen Eiskletterern benutzt. Man benützt ihn zwar wie einen Eishammer, sein Schaft hat aber die gleiche Funktion wie der eines Pickels. Die schottische Erfindung des „Terrordactyl" hat anstelle der gekrümmten eine abgeschrägte Haue. Er hält besonders gut in morschem und

hohlem Eis, weil es nicht so sehr davon abhängt, ob seine Zähne haften, wie es bei den meisten gekrümmten Geräten der Fall ist. Die Haue des „Humming-Bird" ist ähnlich schräg geneigt wie die des Terrordactyl. Sie besteht jedoch aus einem Rohr, um im spröden Eis eine geringere Verdrängung zu erzeugen. Er findet besonders beim winterlichen Wasserfallklettern Anwendung.

Die meisten dieser Geräte werden in Köchern am Gürtel getragen. (Diejenigen, die sich zum „sauberen" Klettern bekehrt haben, werden ihre Freude daran haben, zu bemerken, daß ihre Köcher nun doch für etwas gut sind!).

Welches Instrument benutzt man nun? Obwohl ich hierzu meine augenblicklichen Neigungen nicht verheimlichen möchte, sollte man sich stets daran erinnern, daß jeder Eisgeher seinen eigenen Stil hat, und die angewandten Techniken ständig wechseln. Grundsätzlich kann jede mögliche Kombination von Geräten die gestellte Aufgabe lösen, vorausgesetzt man hat seine Technik genügend ausgefeilt. Zum Beispiel würde ich in einer typischen Alpenwand wie der Nordwand der Triolet, wo harter Schnee mit Eispassagen wechselt, nur einen 70 Zentimeter langen Pickel tragen. Im Alleingang oder in einer Wand, die aus einer einzigen Fläche harten 55 Grad steilen Eises besteht, würde ich ein Eisbeil gemeinsam mit einem Pickel benutzen.

In schottischen Gullies oder in senkrechten Wasserfällen gebrauche ich einen Pickel des Modells Zero von 50 oder 55 Zentimeter Länge in Verbindung mit einem Eisbeil des gleichen Modells. Ich würde reine Frontalzackentechnik in Verbindung mit „piolet traction" (Zugtechnik), die später näher erläutert wird, anwenden. Egal welches Gerät man auch benutzt, man sollte sich doch stets daran erinnern, daß jedes Gerät im Falle eines Wegrutschens der Beine zugleich als Sicherung dient und soll es deshalb schnell und sicher plazieren. Am besten zielt man auf ein imaginäres X auf dem Eis. Dadurch erhält der Schlag eine Führung, und der Schwung wird besser und weniger schwankend. Durch wachsende Erfahrung wird man im Eis kleine Schwachstellen erkennen können, in denen die Haue am besten sitzt.

Aufstieg

Am einfachsten kann man die Frontalzackentechnik z. B. auf dem Anmarschweg oder auf dem Gletscher zur Überwindung kurzer, steiler Strecken anwenden. Geht man beispielsweise auf einem sanften Hang in *pied marche* Haltung und steht plötzlich vor einem steilen Buckel, so bringt man, ohne seinen Schrittrhythmus oder das Tempo zu wechseln, den Pickel von der *„piolet canne"* Stellung in die

Oben, setze ihn schnell und sicher. Foto Rob Taylor.
Gegenüber, Tom Patey mit doppelter piolet panne *(Stütztechnik). Damit kann man schnell auf allen Vieren mäßig steile Hänge „hochrennen". Foto John Cleare.*
Unten, piolet poignard *(Drucksicherung). Foto Tom Frost.*

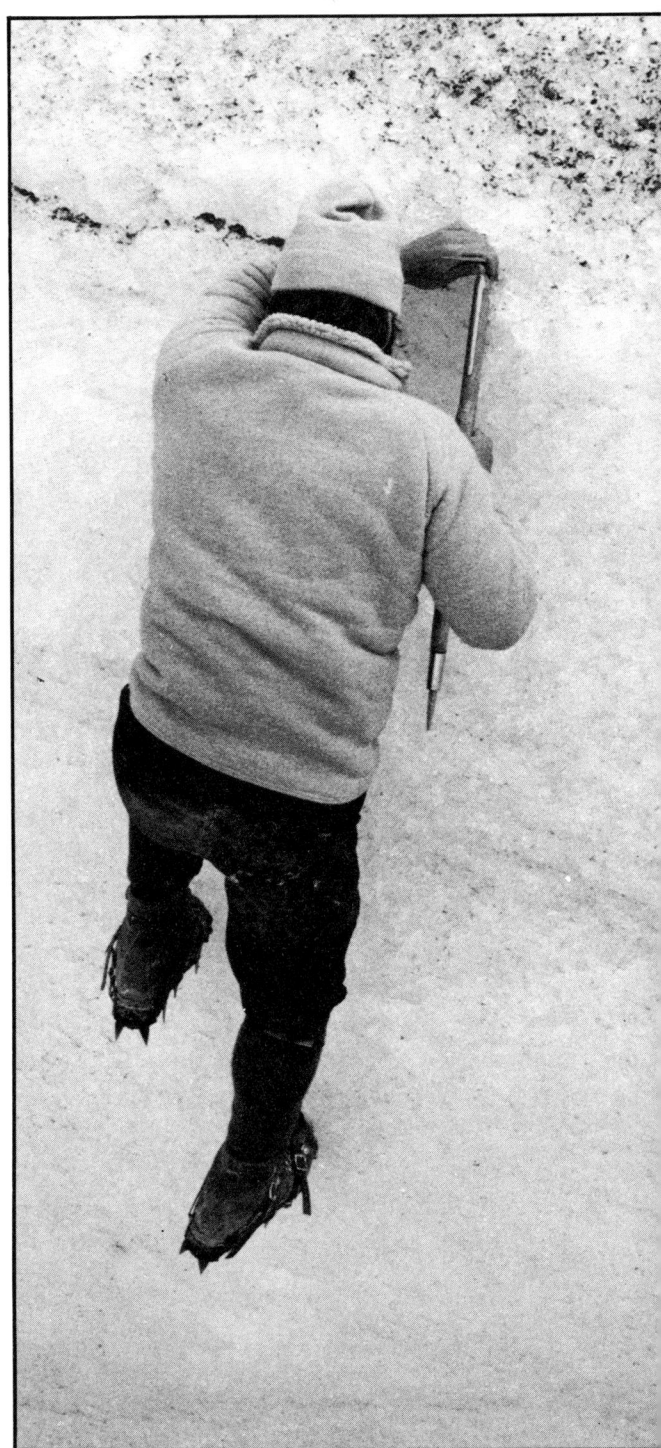

Piolet ancre *(Ankerpickel). Beim
Hochsteigen geht man zu* piolet panne *über.
Zur Überwindung dieses Wulstes wurde der
Pickel nur einmal gesetzt.
Fotos Rob Taylor.*

„piolet panne" Haltung (Stütztechnik). Hierzu senkt man einfach die Haue nach vorne auf das Eis, wobei die Hand weiterhin auf dem Pickelkopf bleibt, dann steigt man mit den Frontalzacken hoch, indem man die Fersen niederdrückt. Der Pickel trägt nun dazu bei, das Gleichgewicht zu halten, und eine Reihe von kleinen Schritten auf den Frontalzacken wird das eigene Schwungmoment erhalten und einem helfen, den Buckel zu überwinden.

Wird das Tempo bei *piolet panne* immer langsamer, sodaß man damit beginnen muß, jedes Glied einzeln zu bewegen, so liegt des unweigerlich an der Steilheit. Steileres Gelände erfordert mehr Gleichgewicht. Deshalb ist es nur natürlich und vernünftig, wenn man seine Geräte über die Schulter hebt. (Im steilen Fels hebt man stets die Arme, ohne sich dessen bewußt zu sein!) Der Pickel wird nun am Kopf wie ein Dolch gehalten und in den Schnee gestoßen. Diese Technik *„piolet poignard"* (Drucksicherung) genannt, funktioniert gut an steilen Hängen, wo der gefrorene Schnee noch weich genug ist, um den Pickel, ohne ihn am Schaft zu halten und zum Schwung ausholen zu müssen, eindringen zu lassen. Ist der Schnee oder das Eis zu hart und/oder zu steil, um *„piolet poignard"* anzuwenden, wechselt man zu *„piolet ancre"* (Ankerpickel) über. Mit dem Gesicht zur Wand schlägt man auf den Frontalzacken stehend den Pickel so hoch wie möglich über sich ein. Beim Hochsteigen gleitet die Hand entlang des Pickelstiels und findet schließlich in der klassischen *„piolet ancre"* Stellung auf dem Pickelkopf Halt. Man steigt weiter, bis sich der Pickel in Hüfthöhe befindet, also in der *„piolet panne"* Stellung (Stütztechnik), bevor man ihn erneut höher setzt. Es ist klar, daß ein längerer Pickel höher eingeschlagen werden kann und damit vor einer erneuten Plazierung einen höheren Anstiegsweg ermöglicht als ein kürzerer, was Zeit und Kraft erspart. Natürlich geht dieser Vorteil in extrem steilen Hängen verloren, wenn der Pickel auf Grund seiner Länge und schlechten Ausgewogenheit zu unhandlich wird.

Schon nach kurzem Experimentieren wird man feststellen, daß es auf einem vorgegebenen Quadratmeter Eis einen gewaltigen Unterschied ausmacht, wo man die Haue des Pickels einschlägt. Manchmal kann das Eis so spröde sein, daß viele Schläge erforderlich sind, bevor man eine Stelle findet, an der der Pickel hält. Deshalb hält man ständig nach verschieden gefärbten Stellen im Eis Ausschau. So kann ein Streifen urinfarbenen Eises in einem spröden, gefrorenen Wasserfall oft weicher sein und bessere Verankerungsmöglichkeiten aufweisen.

Wird das Gelände extrem steil, funktioniert *„piolet ancre"* (Ankerpickel) in Verbindung mit der Frontalzackentechnik nicht mehr, weil der Kletterer, aus Angst, sein Gleichgewicht zu verlieren, nicht mehr in der Lage ist, den Pickel höher zu setzen. Jetzt benötigt man in jeder

Oben, Big Bill March in der Cascade in den Cairngorms 1968 – es war dies das erste Mal, daß in Schottland piolet traction (Zugtechnik) angewandt wurde.

Gegenüber, man muß besonders sorgfältig die Fersen niederdrücken, wenn man den Rand des Wulstes überschreitet. Foto John Cunningham. Unten, pied troisième (dritter Fuß). Foto Doug Robinson.

Der Autor ruht im harten Eis mit pied troisième *(dritter Fuß) aus.* *Foto Tom Frost.*

Hand ein Gerät. Bei einer solchen Steilheit muß man ständig drei Unterstützungspunkte haben. Wie im steilen Fels kommt die Aufwärtsbewegung hauptsächlich aus den Beinen, jedoch müssen die Arme einen Teil des Gewichts tragen. Jeder der drei Unterstützungspunkte muß fest genug sein, um das gesamte Körpergewicht halten zu können, sollten die anderen ausbrechen. Zieht man sich nur noch an den Geräten hoch, spricht man von *„piolet traction"* (Zugtechnik). Im steilen Eis ist die Frontalzackentechnik normalerweise die beste Beintechnik. Jedoch werden die Frontalzacken, die, um bei geringeren Neigungswinkeln einen besseren Griff zu ermöglichen, gekrümmt wurden, jetzt aus dem Eis herausgleiten, wenn die Fersen zu weit oben gehalten werden. Je steiler das Eis, umso mehr muß man sich bewußt anstrengen, die Fersen nieder zu halten. Ein oft gemachter Fehler besteht darin, zu hoch zu greifen und damit unwillkürlich die Fersen zu heben, was die Frontalzacken zum Ausscheren bringt. Übersteigt man den oberen Rand eines senkrechten Abschnittes, muß man besonders vorsichtig sein. Der Körper mag sich oben zwar schon über den Rand lehnen, die Füße sind jedoch immer noch in der Senkrechten. Geht man auf den Frontal-zacken muß man die Füße gerade und nicht, wie man normalerweise steht, nach auswärts gebogen ins Eis schlagen. Biegt man die Füße nach außen, steht man nur auf den inneren Zacken. Um diesen Fehler zu korrigieren, sind bei manchen Steigeisen die äußeren Frontalzak-ken absichtlich länger konstruiert. Im steilen Eis muß man sich auf die Spitzen seiner Steigeisen konzentrieren. *Niemals darf man sich davon ablenken lassen!*

Jeder der viel auf Frontalzacken gegangen ist, weiß, wie sehr es Oberschenkel und Waden ermüdet. Stiefel mit steifen Sohlen, starre Eisen, gesenkte Fersen und eine zügige aber entspannte Technik – all dies trägt dazu bei, die Ermüdung zu verzögern. Aber es gibt eine einfallsreichere Lösung dieses Problems, die sogenannte *„pied tro-isième"* Technik. Sie verbindet die *„pied à plat"* Technik mit der Frontalzackentechnik. Während der eine Fuß auf Frontalzacken steht, ruht sich der andere aus, indem man ihn seitwärts nach außen dreht und den Knöchel in *„pied à plat"* Stellung entspannt. Wenn der eine Fuß, der mit den Frontalzacken im Eis steht, nach einer Weile ermüdet, wechselt man auf den anderen Fuß über. Dies ist eine weniger anstrengende Methode, steiles Eis zu erklettern als die Frontalzackenmethode, und sie ist sicherlich leichter zu erlernen, als die französische Technik. *„Pied troisième* (dieser Name kommt ursprünglich aus dem Ballett) heißt soviel wie „dritter Fuß". Es ist jedoch besser, an „drei Uhr" zu denken, die Stellung, in der die Füße bei korrekter Ausführung stehen. Diese Technik müßte nach meiner Auffassung in Verbindung mit der *„piolet ancre"* Technik (Ankerpik-kel) von allen von mir behandelten Techniken des Steigeisengehens für den durchschnittlichen Eisgeher am geeignetsten sein. Sie ist auf Schnee und Eis und auf allen Hängen, seien sie nun mäßig geneigt

Mike Covington klettert hoch im Diamond Gletscher am Mount Kenia auf die nur ihm eigene Weise und benutzt eine perfekte Mischung verschiedener Techniken.

Freies Klettern in überhängendem Eis.

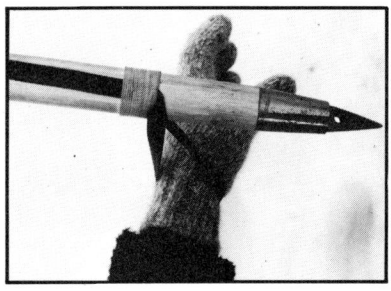

Gelenkschlaufe.

oder extrem steil, anwendbar. Man braucht nicht unbedingt in Superhochform zu sein, um sie sogar bei steilen und anstrengenden Anstiegen einzusetzen.

Senkrechtes und überhängendes Eis

Je steiler es wird, umso schwieriger ist es, den Pickel oder das Eisbeil zu umklammern. In einem Überhang müssen die Arme nahezu das gesamte Körpergewicht halten. Seine Armkraft setzt dem Kletterer im steilen Eis genauso Grenzen wie dies beim anstrengenden Rißklettern oder beim Klettern im überhängenden Fels der Fall ist. Die Arme müssen jetzt gerade gehalten und die Ellbogen nicht gebeugt werden, sodaß der Bizeps möglichst wenig belastet wird. Man hängt an den Knochen, nicht an den Muskeln. Um beim Umklammern der Schäfte nicht zu verkrampfen, sollte man Handschuhe mit gut griffigen Innenseiten und Handgelenkschlaufen benutzen.

Es gibt alle möglichen Methoden, wie man Handschlaufen an den Beil- oder Pickelschäften anbringen kann, weshalb ich nur diejenige beschreibe, die ich persönlich vorziehe. Wichtig ist, daß die Hand genau am Drehpunkt des Gerätes, d. h. direkt oberhalb der Zwinge festgebunden wird, und die Belastung immer in Verlängerung des Schaftes erfolgt. Die lange Leine, die ich gelegentlich benutze, wird einmal im Loch am Pickelkopf verknotet und hat genau die richtige Länge, um sie genau über dem Drehpunkt des Schaftes noch einmal befestigen zu können. Dadurch bleibt meine Hand in gelegentlich steilen Passagen, oder wenn man lange Zeit Stufen schlagen muß, immer fest mit dem Schaft verbunden.

In schwierigen Wasserfällen gehe ich nur mit Gelenkschlaufen. Ich benutze eine Schlinge aus zehn Millimeter breitem Schlauchband, fädle sie durch das Loch und knote oder nähe sie zu einer Schlaufe, die bis zum Ende des Pickeldorns reicht. Dann befestige ich sie durch sorgfältiges Umwickeln genau über dem Drehpunkt des Schaftes. Die herabhängende Schlaufe muß groß genug sein, um einer behandschuhten Hand den Durchschlupf zu ermöglichen. Ich schlüpfe von unten in die Schlaufe, drehe sie einmal und ergreife den Schaft. Trägt man keine Handschuhe, kann man zwei- oder dreimal die Hand drehen, um das Spiel auszugleichen. Auf diese Art kann man den Schaft sicher greifen und trotzdem relativ schnell in und aus der Schlaufe schlüpfen.

Auch überhängende Eishänge können ohne Inanspruchnahme künstlicher Hilfsmittel überwunden werden. Bevor man sich jedoch auf einen solchen Weg ohne Wiederkehr begibt, sollte man sicherheitshalber nochmals seine Technik und Ausrüstung gründlich überprüfen. Die Geräte und Frontalzacken werden nach den gleichen Regeln wie im extrem steilen Eis eingesetzt. Nur noch etwas sorgfältiger. Man befindet sich zu keinem Zeitpunkt im Gleichgewicht, und ein noch größerer Teil des Körpergewichts muß von den Armen gehalten werden.

Die Geräte werden so hoch wie möglich, aber eher seitlich des Körpers geschlagen, sodaß man von herunterfallenden Eisbrocken nicht am Kopf getroffen wird. (Dadurch wird auch verhindert, daß ein ausbrechendes Gerät schwere Verletzungen im Gesicht verursacht!) Wenn es möglich ist, sollte man nur ein Gerät „bombensicher" einschlagen. Das andere setzt man mit etwas weniger Kraft ein. Auf diese Weise kann man das zweite Gerät leichter herausziehen, um es schnell höher setzen zu können.

Nach dem Verankern der Geräte darf man die Schäfte nicht zu fest umklammern. Vielmehr sollte man an den Gelenkschlaufen hängen, um Kraft zu sparen. Stets muß man auf die Geräte einen leichten Zug nach außen ausüben, um die Zähne am Ausbrechen zu hindern. Dies hält darüberhinaus den Körper vom Eis entfernt und ermöglicht so ein leichteres Niederdrücken der Fersen. Beide Füße befinden sich immer in gleicher Höhe, bevor die Hände höher genommen werden. Die Füße werden, um eine stabilere Basis herzustellen, weit auseinander gehalten. Bei richtiger Haltung bildet der Körper ein X. Man darf niemals höher als bis in Nasenhöhe an den Geräten emporsteigen. Ausruhen kann man, indem man beide Geräte bombensicher einschlägt und sich mit ganz ausgestreckten Armen in die Gelenkschlaufen hängt.

Schließlich kann man senkrechte und überhängende Wächten und Bergschründe mit der Doppelpickeltechnik überwinden. Hierzu benutzt man zwei Pickel in „piolet manche" Technik, die man, während man für die Füße Stufen tritt, abwechselnd einrammt.

Querungen und Abstieg

Querungen in extrem steilem oder senkrechtem Eis werden am besten mit Hilfe der „piolet traction" Technik (Zugtechnik) ausgeführt. Ist das Eis hart und spröde, muß man nach dem Einschlagen des Gerätes jedes weitere Drehen oder Bewegen vermeiden. Man schlägt das unbelastete Gerät in einem Winkel von ungefähr 45 Grad so nah wie möglich am Körper ein. Dann lehnt man sich an diesem Gerät so weit wie möglich hinaus, um das andere Gerät möglichst weit versetzen zu können. Hierbei muß man darauf achten, daß der Schaft senkrecht nach unten zeigt. Nun verlagert man das Gewicht auf dieses Gerät und versetzt das nicht belastete. Man geht auf den

*Die beiden Fotos illustrieren die Technik in
Überhängen.*

Oben, die Technik in der Querung.
Unten, Doppel-Pickel Technik.

Frontalzacken entweder in kleinen Zwischenschritten, oder indem man die Beine kreuzt. In beiden Fällen muß man jedoch der Versuchung widerstehen, die Fußspitzen nach außen zu drehen.

Für den Abstieg im steilen Fels ist die Frontalzackentechnik oder *„pied troisième"* Technik ebenfalls hervorragend geeignet. Man wendet die entsprechende Aufstiegstechnik einfach nur im umgekehrten Sinne an. Wie im Fels ist der Abstieg schwieriger als der Aufstieg. Man sollte der Versuchung widerstehen, zu große Schritte zu machen, oder die Fersen zu hoch zu halten. Will man das Gerät unter sich einschlagen, sieht man sich mit der Schwierigkeit konfrontiert, einen sauberen Schlag auszuführen, ohne daß man genü-

110

gend Platz zum Ausholen hat. In diesem Fall ist es normalerweise besser, schräg abzusteigen, wobei man den Pickel leicht seitlich einsetzt.

Die Geräte und Klettertechniken, die in diesem Kapitel beschrieben wurden, ermöglichen es dem Eisgeher, senkrechtes oder sogar überhängendes Eis zu klettern. Die Möglichkeiten der Frontalzakkenmethode werden durch die Steilheit und Härte des Eises und durch die Ausdauer und den Mut des Kletterers begrenzt. Diese Grenzen sind jedoch nicht festgeschrieben, sondern können durch hartes körperliches Training, exakte Technik und genügend Selbstvertrauen weiter hinausgeschoben werden.

Mount Mendel, Foto Dennis Hennek.

Einige Jahre später kehrte ich mit Dean Moore zum Mount Mendel zurück. Dieses Mal bestand das Couloir aus einer 350 Meter hohen Fläche soliden, grünen Eises. Aber jetzt hatten wir ja Eishämmer, neue Pickelmodelle und die neuesten Spiralzahnhaken.

Wir brauchten nicht lange, um zu bemerken, daß das Eis schrecklich spröde war. Einmal hielt der Hammer, einmal der Pickel besser. Saß der Pickel nicht gleich beim ersten Schlag, sprengte das Eis aus, und man mußte von vorne anfangen. Manchmal mußten wir zehn bis fünfzehn Zentimeter sprödes Eis abräumen, bevor wir die Haue in eine plastischere Eisunterlage setzen konnten. Jedesmal, wenn wir dachten, wir hätten die richtige Technik gefunden, änderte sich das Eis.

Nach einer Weile konnten wir ziemlich gut abschätzen, was uns auf den nächsten Metern erwartete und die wirklich spröden Eisflecken vermeiden, indem wir einen Meter oder zwei querten, wo das Eis ein bißchen undurchsichtiger und weicher war. Am meisten war uns geholfen, wenn wir kleine, haarfeine Risse fanden. Zielten wir auf diese kleinen Risse, drang die Haue mühelos ein und blieb stecken. So gingen wir von Riß zu Riß höher, und ungefähr zu dem Zeitpunkt, an dem wir richtig zufrieden mit uns selber waren, weil wir endlich die „Lösung" gefunden hatten, erreichten wir den 60 Grad steilen Buckel, der mir vor ein paar Jahren so große Schwierigkeiten bereitet hatte.

Nun, ich brachte keines dieser verdammten Dinger ins Eis. Sobald ich versuchte, einen Hammer oder einen Pickel einzuschlagen, brach eine große konische Platte ab, die an meine Knöchel schlug und mich beinahe aus dem Stand riß. In diesem Moment flippte ich aus und begann, wieder Stufen zu schlagen.

Foto Tom Frost

113

5
Stufenschlagen und andere Techniken

Stufenschlagen

Während der letzten paar Jahre habe ich mehr als 400 Personen im Eisklettern unterrichtet. Viele von ihnen waren erfahrene Eisgeher; einige sogar Bergführer. Und doch war keiner unter ihnen, der zumindest die elementarsten Grundbegriffe des Stufenschlagens beherrschte. Die Fertigkeit, Erfahrung und Kraft, die nötig ist, um gute Stufen zu schlagen, wurde oft durch neueste Ausrüstung und Technik ersetzt. Obwohl eine saubere Steigeisentechnik das Stufenschlagen praktisch überflüssig macht, wird es immer wieder Augenblicke geben, in denen ein gründliches Wissen und Tüchtigkeit im Umgang mit dem Pickel nützlicher als die Zacken der Eisen sein werden. Ja, ich behaupte sogar, daß nur durch ein gründliches Beherrschen des Stufenschlagens Schnelligkeit und Leistungsfähigkeit des alpinen Kletterers gesteigert werden können. Man kann jederzeit, ob aus Überlegung oder aus Dummheit, in Situationen kommen, in denen man keine Steigeisen hat, obwohl man sie gebrauchen könnte. Beherrscht ein Alpenwanderer oder Skihochtourengeher das Stufenschlagen, so kann er auf das zusätzliche Gewicht von Steigeisen verzichten. Bei einem kombinierten Anstieg erspart einem ein gut geführter Pickel oft, daß man mit den Zacken der Eisen in engen Kaminen hängenbleibt oder daß man vorzeitig leere Wasserflaschen hat. Eine kurze Eispassage kann oft mit Stufen schneller überwunden werden, als man die Eisen aus- und wieder einpacken kann. Muß man in der Dämmerung eilig absteigen, kann das Wissen, mit einem Pickel umzugehen, seinen Verlust auf Grund einer Verwendung als Abseilverankerung ersparen. Darüberhinaus wäre die Aussicht, bei großen Expeditionen schwere Lasten nur auf den Frontalzacken schleppen zu müssen, alles andere als angenehm. Geht ein Führer mit einem Anfänger oder mit einer schwachen oder verletzten Person, ist er sicher froh, Stufen schlagen zu können. Nur wer einmal eine wirklich große Route gemacht hat, kann die Befrie-

Gegenüber, John Temple in einer heiklen Passage im Eisbruch des Coronation Gletschers der Ruwenzori Kette in Uganda. Foto John Cleare.

Jim McCartney schlägt Weihwasserstufen am Crab Crawl, Creag Meaghaidh. Foto John Cleare.

Chris Bonington 1962 beim Stufenschlagen in der Spinne am Eiger 1962. Foto Ian Clough.

digung derer nachempfinden, die diese einzig und allein mit dem Pickel als Begleiter gegangen sind.

Die Hauen moderner Eispickel haben die mannigfaltigsten und spezialisiertesten Formen. Eine Haue, die dazu gebaut ist, sich gut zu verankern, besitzt Zähne und ein spitzes Ende. Soll die Haue zum Stufenschlagen geeignet sein, so hat sie eine geringere Krümmung, keine Zähne und eine breite, meißelartige Spitze. Je besser die Haue beim Ankerpickel eingesetzt werden kann, umso weniger eignet sie sich zum Stufenschlagen. Die Kompromißlösung besteht in einer Haue, die nur leicht gekrümmt ist und die tiefe Zähne und eine feine Meißelspitze hat. Beherrscht man seine Technik ausreichend, so kommt man mit diesem Pickel in allen Situationen aus.

Diese Wandlung der Haue, von einem Instrument, das zum Schlagen geeignet sein soll, zu einem, das sich gut verankert, machte es notwendig, daß nunmehr ein anderer Teil des Pickels das gelegentliche Stufenschlagen übernehmen mußte. Die klassische, flache Schaufel mit scharfen Kanten eignet sich, außer im härtesten Eis, hervorragend zum Stufenschlagen. Gewölbte Schaufeln mit abgerundeten Ecken und solchem Schnickschnack wie gezackten Kanten kann man höchstens zum Schaufeln von Eiscreme benützen.

Oberstes Gebot ist es, den Pickel scharf zu halten. Auch der auf dem Feld arbeitende Bauer schärft nach jeder Stunde seine Hacke. Genauso wird auch ein erfahrener Eisgänger bezüglich der Stumpfheit seiner Geräte immer feinfühliger.

Wahrscheinlich wird man seinen ersten Eishang zwar mit starken Muskeln aber nur mit mäßigem Erfolg angehen. Bevor man in der Lage ist, wirksam und mit minimalem Kraftaufwand Stufen zu schlagen, braucht man beträchtliche Sachkenntnis. Normalerweise bedarf es eines langen, anstrengenden Kraftaktes, auf einem harten Eishang, bevor man genügend geübt ist. Nach fünfhundert Schritten beginnt man zu spüren, wie wichtig gut geführte und gut verteilte Schläge sind, und daß man das Gewicht des Pickels für sich arbeiten lassen muß.

Auf leicht geneigten Hängen mit festem Schnee braucht man sein Tempo nicht zu verändern, während man gleichzeitig mit einem Schlag des Pickels eine Stufe schlägt. Öfter sind jedoch mehrere Schläge erforderlich. Im Eis schlägt man den Pickel nahezu senkrecht von oben nach unten, indem man die innere Ecke der Schaufel benutzt. Man schlägt zuerst das vordere Ende und dann erst das weiter entfernte hintere Ende der Trittstufe aus. Auf diese Weise haftet die Schaufel weniger und wird gleichzeitig mehr Eis abräumen.

Im harten Eis müssen die Stufen mit der Haue geschlagen werden. Um zu verhindern, daß die Haue im Eis hängen bleibt, kippt man den Schaft genau in dem Augenblick, in dem die Haue ihren Schwung im Eis verliert mit einem kleinen Ruck nach außen. Diese Drehbewegung läßt das Eis ausbrechen anstatt die Haue zu verankern. Jeder, der einmal versucht hat, seine Haue im spröden Eis zu verankern, weiß, daß auch nur ein kleiner, winziger Ruck an der Haue das Eis sprengt.

Hartes, sprödes Eis, das dazu neigt, in Schollen auszubrechen, verlangt eine andere Schlagtechnik. Zuerst erzeugt man mit einer Reihe im rechten Winkel zum Hang geführter Schläge eine Bruchlinie. Dann hackt man oberhalb der Linie den Tritt aus. Die Bruchlinie verhindert, daß beim weiterem Ausräumen der Tritt ausbricht. Trägt man keine Steigeisen, müssen sich die Tritte hangeinwärts neigen. Haben die Beine Entspannung nötig, schlägt man den Tritt so groß, daß man den ganzen Fuß aufsetzen kann.

Normalerweise legt man die Stufen in Serpentinen in den Hang. Ihr Winkel sollte so steil sein, daß er gerade noch bequem zu gehen ist, und die Stufen sollten soweit wie möglich auseinander liegen, ohne daß man Gefahr läuft, das Gleichgewicht zu verlieren. Auf einem leicht geneigten Hang genügt es, nur eine Stufe zu schlagen und in ihr auf einem Fuß zu stehen, während der andere Fuß zur Erhaltung des Gleichgewichts im Hang steht. In steileren Hängen kann man entwe-

Zwei der Seillängen, die es nun zu bewältigen galt . . . waren das, was für gewöhnlich als senkrecht bezeichnet wird, d.h. wahrscheinlich zwischen 70 und 75 Grad steil, mit kurzen Abschnitten, die nahezu 90 Grad Neigung aufwiesen.
Natürlich war es nur der seltsam guten Qualität des Schneeisvorhanges, der die steileren Passagen bedeckte, zuzuschreiben, daß diese überhaupt kletterbar waren. Bei derartigen Neigungen ist es unmöglich, in den Tritten im Eis stehen zu bleiben, ohne sich gleichzeitig festzuhalten, und es ist ebenso unmöglich, den Körper höherzuschieben, wenn nicht Griffe geschlagen werden, die eine Möglichkeit zum Hochziehen bieten.
Dieser Eisvorhang ließ beides zu; sehr häufig drang die Haue bis zu einer weicheren Schneeschicht vor oder bohrte sich in schwarze Leere, hinter der grüne Eiswülste wuchsen; als Folge davon entstanden Weihwasserkesselstufen.

– Harold Raeburn, „A Scottish Iceclimb"
Scottish Mountaineering Journal

Zickzack – Stufen.

der eine Stufe, die groß genug ist, damit beide Füße Platz finden oder zwei einzelne Stufen schlagen, bevor man weitergeht. Das Schlagen erfolgt jedoch immer in einer Gleichgewichtsposition. Bei einem Richtungswechsel schlägt man eine Stufe für den äußeren Fuß, und bevor man weitergeht eine weitere Stufe, die schon in die neue Richtung führt.

Wünscht man Zeit zu sparen und trägt man Steigeisen, kann man sich damit begnügen, Stufen nur für den inneren Fuß zu schlagen und mit Hilfe der Steigeisen den äußeren Fuß die Zwischenräume überschreiten lassen. Diese Methode ist auch für Führer empfehlenswert, die mit einem Kunden unterwegs sind.

In einem steilen Hang geht es normalerweise schneller, die Stufen direkt in der Fallinie anzulegen. Obwohl sie sehr effizient ist, ermüdet diese Art des direkten Aufstiegs und ist vor allem für den Sichernden unbequemer, weil ihm alle Eisbrocken auf den Kopf fallen. Allgemein kann man sagen, daß je steiler der Hang wird, desto mehr Stufen müssen im Voraus geschlagen werden. Sicherlich wird man manchmal nur kleine Trittchen schlagen wollen, sollte jedoch, um auszuruhen, zwischendurch einen flachen, horizontalen Tritt schlagen. Sehr steiles Eis erklettert man schnell, besonders wenn man Steigeisen trägt, indem man *Stufensimse* schlägt. Hierzu hackt man eine lange, horizontale Stufe hoch über dem Kopf ins Eis. Der Sims sollte lang genug sein, damit beide Füße ausgestellt werden können. Trägt man keine Steigeisen, so ist es von Vorteil, einen Griff für die Hand an einem Ende der Stufe zu schlagen. Für die andere Hand schlägt man den Pickel hoch ein und zieht sich mit einer Zugstemme auf den Sims.

Senkrechtes oder sogar überhängendes Eis kann mit Hilfe von *Weihwasserkesselstufen* begangen werden. Sie bestehen aus einer Kombination aus Griffen und Tritten. Sie sollten daher so geschlagen werden, daß sie gute Griffe abgeben und trotzdem groß genug sind, um den Fuß aufnehmen zu können. Da die Füße auf diese Weise relativ schnell ermüden, kann man gelegentlich einen großen horizontalen Stand einrichten.

Am schnellsten steigt man über *Vertikalstufen* ab. Seitlich zum Hang stehend, schlägt man eine Stufe direkt unter sich und belastet sie mit dem äußeren Fuß. Eine zweite Stufe schlägt man leicht hinter und so weit wie möglich unter sich. In diese Stufe tritt der innere Fuß. Beim Hinuntersteigen kreuzt man die Beine nicht: Der äußere Fuß geht vorne, der innere hinten. Indem man die Stufen versetzt anordnet, kann man leichter absteigen. In extrem steilen Hängen müssen vor jeder weiteren Bewegung zwei Stufen geschlagen werden. Der Pickel kann beim Absteigen in „*piolet ancre*" Stellung (Ankerpickel) als Stütze benutzt werden. (Oder man benützt einfach den oberen Tritt als Griff für die innere Hand.)

Auf der gegenüberliegenden Seite sieht man Stufensimse, Weihwasserkesselstufen und Vertikalstufen. Fotos Rob Taylor. Oben links, Klettern im kombinierten Gelände. Foto Doug Ross.

Klettern im kombinierten Gelände

Chris Jones schrieb einmal die für mich beste Definition des kombinierten Kletterns: „Wir wurden sofort in unserem Vorwärtskommen gebremst, als wir mit einer Mischung aus steilem Fels, Eis, schneebedecktem brüchigem Fels, Schneehauben, allgemeinen Schwierigkeiten und schlechten Sicherungsmöglichkeiten kämpfen mußten. Ich glaube, das versteht man unter „kombiniertem Klettern.""Kombiniertes Klettern bedeutet kurz aufeinanderfolgend oder sogar zur gleichen Zeit sowohl in Eis als auch in Fels zu klettern. Grundlage des Bewegungsablaufs sind auch hier Gleichgewicht und Haftvermögen. Diese Grundprinzipien werden jedoch hierbei gleichzeitig in zwei verschiedenen Elementen angewandt, die unterschiedlichen Gesetzen unterworfen sind, weshalb die rechte Hand

immer genau wissen muß, was der linke Fuß gerade macht.

Das Klettern in kombiniertem Gelände vermischt nicht nur zwei verschiedene Kletterstile, es bedeutet vor allem, daß man mit Steigeisen auf Fels gehen muß. Dies ist deshalb erforderlich, weil man keine Zeit hat, sie ständig an- und abzulegen und das Risiko vermeiden muß, dies in einer ausgesetzten oder schwierigen Lage tun zu müssen. Beispielsweise scheiterte einmal der Versuch, die Eigernordwand zu durchsteigen, an einem 30 Meter Sturz, der dadurch ausgelöst wurde, daß jemand in einer zu heiklen Situation versuchte, die Steigeisen abzunehmen. Bei einem gut sitzenden Steigeisen, bei dem die Zacken mit der Stiefelkante eine Linie bilden, ist Felsklettern nicht so schwierig, wie es auf den ersten Blick aussehen mag. Im ersten Moment fühlt man sich sehr unsicher. Man steht auf „kleinen Stelzen" auf dem Fels, und jedes Gefühl für seine Oberfläche ist verloren gegangen. Doch kann man mit den Zacken sehr gut kanten. Hierbei macht sich die Gewohnheit, die ursprünglich den Extremkletterern abgeschaut wurde, den Fuß lange Zeit starr auf dem Tritt zu halten, während der Körper vorbeibewegt wird, bezahlt. Selbstverständlich verstärken die „kleinen Stelzen" jeden begangenen Fehler, wie z. B. das Heben der Fersen, wenn man sich nach dem nächsten Griff streckt. Mit Steigeisen ist man in Situationen, wo ein Stiefel mit Profilgummisohle nur ein bißchen nachgeben würde, weniger anpassungsfähig. Ein Steigeisen neigt immer schneller dazu, wegzurutschen.

Das kombinierte Klettern besteht somit in der Fähigkeit, verschiedene Klettertechniken harmonisch miteinander zu verbinden. Es kann die feinste Form der Kunst des Eiskletterns sein, und es bildet die natürliche Weiterentwicklung vom reinen Eis zum großen Alpinismus.

Klettern mit künstlichen Hilfsmitteln

Moderne Eisgeräte, *„piolet traction"* (Zugtechnik) und Kühnheit sollten eigentlich die Notwendigkeit, auf künstliche Hilfsmittel beim Eisklettern zurückgreifen zu müssen, ausschalten. In der Realität gibt es jedoch auch hier die Ausnahme von der Regel. Zum Beispiel können stark überhängende Séracs oder Bergschründe oft nicht frei geklettert werden.

Schwierige Überhänge erklettert man im Eis auf die gleiche Art wie man im Fels mit künstlichen Hilfsmitteln klettert. Man bringt so hoch wie möglich einen Eishaken an, hängt das Seil und die Trittleiter ein, steigt die Sprossen hoch und benutzt, falls nötig, Gegenzug,

Oben, Peter Farrell demonstriert das Klettern mit künstlichen Hilfsmitteln in Neuseeland. Foto Lynn Crawford. Gegenüber, kombiniertes Gelände: der Hell's Lum Crag, Cairngorms.

um den nächsten Haken höher einzuschlagen. Ist der Überhang nicht allzugroß, kann man nur auf den Frontalzacken stehen, ohne eine Trittleiter zu benutzen, indem man mit Gegenzug sein Gleichgewicht hält. Bei Verwendung von Gegenzug muß man allerdings sorgfältig darauf achten, daß der Eishaken nicht zu sehr horizontal belastet wird. Auch sollte man daran denken, daß ein Eishaken unter der Belastung des Körpergewichts ausschmelzen kann.

Eine andere Methode, die in senkrechtem oder leicht überhängendem Eis viel schneller ist, benutzt anstelle der Eishaken die Eisgeräte als Anker. Bugs McKeith hat sie entwickelt und sie wird hauptsächlich in Canada beim Wasserfallklettern angewendet. McKeith beschreibt sie folgendermaßen: „Bei dieser Tour (Weeping Wall) gebrauchten wir zum ersten Mal eine Technik, die nur deshalb erfunden wurde, weil es mir einfach am nötigen Mut fehlte. Schon zweimal hatte ich angesichts eines Pfeilers aus sprödem, senkrechtem Eis, und weil ich nicht die Nerven hatte, ihn auf den Frontalzacken zu begehen, Hilfsschlingen an die Schäfte meiner beiden Terrordactyls gebunden und herausgefunden, daß ich mir so sogar im senkrechten Eis zum Abräumen morschen Eises oder zum Einschlagen des anderen Gerätes soviel Zeit lassen konnte, wie ich wollte.“

Gegenüber, Dale Bard und Rob Taylor bei der Besteigung des Middle Ice Fall am Mount Fay in Kanada. Die letzten sechs Meter hängen ungefähr 15 Grad über.

123

Während der späten 50er und frühen 60er Jahre belagerten die mittellosen britischen und amerikanischen Kletterer den Biollay Zeltplatz von Chamonix. Er lag in der Nähe des Hauptbahnhofs, der Stadtmitte und natürlich der „Bar National". Obwohl das Zelten dort nichts kostete, war es ein furchtbarer Platz zum Leben. Es gab weder Toilettenanlagen noch trinkbares Wasser, und wenn es regnete (die einzige Zeit, die wir im Lager waren), verwandelte sich der Platz in ein Schlamm- und stinkendes Abfallfeld. Kein einziger der französischen Kletterer wäre dem Lager zu nahe gekommen; die meisten von ihnen zogen es vor, im Hotel de Paris zu nächtigen.

Unser Tagesablauf bestand darin, solange wie möglich zu schlafen, unseren Porridge hinunterzuschlingen, um dann durch die Stadt und den Dreck in die nächste Bäckerei zu tippeln. Die Nachmittage verbrachten wir in der „Bar National", oder, falls es nicht regnete, auf den Parkbänken, um die unnahbaren französischen Mädchen vorbeiflanieren zu sehen. Dann ging es zurück in die „Nash" zu einem abendlichen Gelage. Taumelnd kehrten wir nach Biollay zurück und beendeten damit den Tag.

Eines Morgens während 15 Tagen ununterbrochenen Regens und Schneefalls war die allgemeine Stimmung auf dem Tiefstpunkt angelangt. Ich war gerade mürrisch dabei, Wasser zu holen, als ich wie vom Blitz getroffen stehen blieb. Ein wunderschönes Mädchen, bis auf ihre Unterwäsche entkleidet, wusch sich im Fluß. Ich konnte kaum meinen Augen trauen, denn die einzigen Frauen, die hier in jenen Tagen im Lager herumhingen, waren normalerweise genauso abgerissen wie wir.

Da es nun einmal nicht zu vermeiden war, einander wenigstens „Guten Morgen" zu wünschen, kamen wir miteinander ins Gespräch. Mit einem starken österreichischen Akzent erzählte sie mir, daß sie hier in der Gegend klettern wollte, aber leider keinen Partner finden könnte. Der Morgen des nächsten Tages dämmerte bei blauem Himmel, und wir stiegen sofort zu einer Hütte auf. Am darauffolgenden Morgen gingen wir die „Voie des Plaques" am Dent du Requin an. Das englische Führerhandbuch bezeichnet sie als klassische Route und stellt fest, daß dies eine gute Einführung in das alpine Klettern sei. Die Kletterei ist nicht schwierig (meistens mäßig geneigte Platten mit einer gelegentlichen Viererstelle), aber sie ist fast 1000 Meter lang und erfordert einen Anmarsch über einen Gletscher. Die Franzosen nennen diese Route „Schlafzimmer der Briten", weil viele britische Kletterer, die gerade daheim ihre ersten Versuche, 20 Meter an kleinen Felsen zu führen, hinter sich hatten, in diese Tour einstiegen und dann damit endeten, biwakieren zu müssen.

Als wir den Einstieg erreichten, waren schon vier andere Seilschaften in der Wand, schrien sich Seilkommandos zu und bombardierten sich gegenseitig mit Steinen. Annalee und ich banden uns ein und verkürzten das Seil auf ungefähr 15 Meter. Ich prägte mir eine Anstiegslinie links der anderen Seilschaften ein, um Steinfall zu vermeiden, dann stiegen wir ein. Annalee hatte noch niemals geführt und obwohl wir gleichzeitig kletterten, ging ich als erster, suchte die Route und achtete stets darauf, daß ich niemals direkt über ihr war, sodaß ich immer sah, was sie tat. Ich legte das Seil immer wieder hinter Blöcke, und legte da und dort eine Schlinge um einen Felszacken. Wann immer ich den Eindruck hatte, daß eine Passage ihr besondere Schwierigkeiten machen könnte, suchte ich mir einen festen Stand und sicherte sie. Da wir gleichzeitig kletterten, überholten wir die anderen schnell, und nun waren wir es, die Steine auf sie herunterließen!

Fünf Stunden nachdem wir die Hütte verlassen hatten, waren wir auf dem Gipfel und verzehrten gemütlich unser Essen in der warmen Sonne. Tief unten auf den Plattenschüssen konnten wir gerade noch die anderen als winzige Pünktchen ausmachen, wie sie lehrbuchmäßig jeden Zentimeter des Weges heraufsicherten. Es war klar, daß ihnen eine kalte Nacht bevorstand.

Während wir uns noch köstlich darüber amüsierten, stiegen wir über eine Rinne an der Westseite ab. Seilten uns einmal ab, zweimal, dreimal und ... Großer Gott, wir hatten uns verfranst! Ich hatte nicht daran gedacht, mir die Abstiegsroute einzuprägen! Ich hatte alle meine Schlingen aufgebraucht und sogar schon meinen Klettergürtel als Abseilverankerung benützt. Dann begann ich, die Perlonriemen an meinem Rucksack abzuschneiden. Als nächstes kamen meine Schnürsenkel dran. Dann ein Teil des Seiles. Wir schafften es gerade noch, vor Einbruch der Nacht zur Hütte zu kommen. Wir waren zwar nicht mehr ganz so selbstzufrieden, wie wir es auf dem Gipfel gewesen waren, aber hier war es für uns sicherlich wärmer als für die anderen draußen.

Foto Tom Frost

125

6
Seil und Sicherheit*

Das Seil

Die Anwendung von Seilen erfolgt aus Sicherheitsgründen im
Schnee, wenn die Selbstsicherung mit dem Pickel nicht mehr aus-
reicht und im Eis, wenn man sich auf die Verankerung seiner
Handgeräte nicht vollständig verlassen kann. Man seilt sich nicht nur
wegen der eventuellen schwerwiegenden Folgen eines Sturzes an.
Entscheidend ist, ob die Möglichkeit eines Sturzes besteht. Vielleicht
sind das gewichtige, keineswegs aber fanatische Worte. Ich möchte
die beiden Faktoren, vollständige Sicherheit einerseits und andererseits die Notwendigkeit, schnell vorwärts zu kommen, in ein ausgewogenes Verhältnis bringen. Natürlich müssen der Führer, der mit
seinem Klienten geht, oder der Führende, der von einem schwachen
Partner begleitet wird, die Verantwortung für deren Sicherheit
vollkommen übernehmen. Dies bedeutet normalerweise, daß sie die
ganze Zeit angeseilt sein müssen, obwohl die Sicherung, vorausgesetzt, der Führende hat die Situation voll im Griff, nur potentiell sein
kann.

Beim Eisklettern wird gewöhnlich ein 45 Meter langes, 9 oder 11
Millimeter starkes Kernmantelseil benutzt, obwohl einige Hitzköpfe
bei großen alpinen Unternehmungen Seile von bis zu 90 Meter
Länge benutzen, um ihre Schnelligkeit zu erhöhen. Zum gelegentlichen Nachziehen von leichtem Material und zum Abseilen kann man
ein 7 oder 8 Millimeter Seil mitführen. Als Ergänzung dazu wären
fünf oder zehn Meter 10 Millimeter breites Schlauchband oder
ähnliches Material zu empfehlen, um Abseilstellen einrichten zu
können.

---

* Anmerkung des Übersetzers: *In diesem Kapitel kommt klar die unterschiedliche Auffassung in der Sicherungstheorie zwischen dem englischen und dem deutschsprachigen Raum
zum Ausdruck. Auch wenn man grundsätzlich „deutscher" Ansicht ist, sind doch einige der
hier gebrachten Argumente überdenkenswert. Nach Möglichkeit ist dieses Kapitel parallel
mit einem deutschsprachigen Sicherungswerk zu lesen, um Argumente und Methoden
gegenseitig besser abwägen zu können.*

Es gibt viele verschiedene Methoden, sich ins Seil zu binden. Sie reichen von dem mit einem Bulinknoten um die Hüfte verknüpften Seil bis zu den harnischähnlichen Klettergürtelsystemen. Es bleibt jedem überlassen, sich für Einfachheit/Bequemlichkeit oder Kompliziertheit/ extreme Sicherheit zu entscheiden. Die einfachen Anseilmethoden sind letztlich oft die sichereren, weil sie weniger verwirrend und vielseitiger sind, kein falsches Sicherheitsgefühl vermitteln und die so wichtige Schnelligkeit fördern. Ein einfaches System besteht darin, ungefähr fünf Meter 20 oder 30 Millimeter breites Schlauchband um die Hüfte *(Swami-Gürtel)*★ zu wickeln und mit einem Bandschlingenknoten zu verknüpfen. Das Seil wird dann in den Gürtel mit einem gesteckten Achterknoten oder einem eineinhalbfachen Spierenstich eingebunden. Muß man mit gefährlichen Gletscherüberquerungen rechnen, ist es von Vorteil, den Swami-Gürtel durch Beinschlingen zu ergänzen. Hierzu benutzt man normale einfach- oder doppellange Sicherungsschlingen und legt diese zu Beinschlaufen oder einem Sitz zusammen. Das Ganze wird mit dem Seil und nicht mit dem Karabiner zusammengebunden: Je weniger Verbindungsstellen dieses Sicherheitssystem enthält, um so besser.

Verankerungen

Obwohl der Pickel in einigen Schneearten als gute Verankerung dienen kann, versagt er, wenn der Schnee entweder zu hart oder zu weich ist. In diesen Fällen müssen andere Verankerungen gefunden werden. Heute sind verschiedene Methoden in Gebrauch: *Schrauben-oder Firnhaken, Firnanker, „Tote Männer" und Eisbirnen* (Poller). In ziemlich hartem Schnee kann man lange Eisschrauben oder Firnhaken anbringen und daran verankert sichern. *Firnhaken* bestehen aus einem Profilwinkel aus Aluminium und besitzen am oberen Ende Löcher, um Bandschlingen anbringen zu können. Bei harten Schneeverhältnissen brauchen sie nicht länger als 50 Zentimeter zu sein. Sie müssen jedoch, um in weicherem Schnee eingesetzt zu werden, bis zu einem Meter Länge haben.
Der *Firnanker* bietet in sehr weichem Schnee normalerweise die beste Verankerung. Es gibt davon verschiedene Ausführungen. Sein Grundprinzip basiert jedoch immer auf einer rechteckigen Aluminiumplatte (Firnanker), die im Schnee ungefähr in einem Winkel von 45 Grad zur Belastungsrichtung vergraben wird. Ein Stahlkabel mit einer Schlinge am Ende führt direkt zum Sichernden. Setzt man einen Firnanker richtig in den Schnee und sorgt dafür, daß seine Aufhängung bewirkt, daß der untere Teil etwas

★ Anmerkung des Übersetzers: *Siehe Fußnote Seite 71 betreffend Hüftanseilmethoden.*

stärker belastet wird, so gräbt er sich selbsttätig in den Schnee ein,
je stärker er belastet wird. Dies mag den Eindruck erwecken, daß er
in sehr weichem Schnee absolute Sicherheit geben könnte. Dennoch gibt es einige Probleme. Wird der Firnanker nicht genau im
richtigen Winkel gesetzt, kann er ausbrechen. Darüberhinaus ist es
schon vorgekommen, daß er sich so tief in den Schnee eingrub, bis
er auf hartes Eis oder eine harte Grundlage stieß. Geschieht dies,
kann der Firnanker abprallen und herausgezogen werden. In weichem Schnee sollte der Firnanker so tief wie möglich vergraben
werden. In hartem Schnee muß man entweder die Platte in den
Schnee einschlagen oder für sie einen passenden Schlitz aushauen.
Hierbei muß man beachten, daß der Winkel zwischen Platte und
Zugrichtung so genau wie möglich 45 Grad betragen muß. Die
Schneefläche vor dem Firnanker sollte nicht betreten oder zerstört
werden. Für das Drahtkabel muß jedoch ein schmaler Kanal gegraben werden. Dieser Kanal muß in allen Schneearten angebracht
werden und soll so schmal wie möglich sein. In der Draufsicht muß
das Drahtkabel im rechten Winkel zur Platte des Firnankers laufen.
Wenn möglich, sollte man den Firnanker einer Testbelastung
aussetzen, um sicher zu stellen, daß er sich richtig eingräbt.
Auch den Pickel kann man in weichem Schnee als eine Art Firnanker *(„toter Mann")* einsetzen: Man vergräbt ihn horizontal und quer
zum Hang so tief wie möglich und bindet in die Mitte des Schaftes
eine Reepschnur mit Prusikknoten ein. Manchmal kann auch ein
Rucksack, der in einem Loch vergraben wird, eine gute Verankerung abgeben.

Von allen Verankerungen in Schnee und Eis schätze ich die *Eisbirne*
als die wertvollste ein. Dieser selbst konstruierte „Eiszacken" ist
von den Eiskletterern, außer beim Abseilen, deshalb immer übersehen worden, weil er einfach zu naheliegend ist. (Es verhält sich
hier genauso wie beim Felsklettern, wo oft automatisch ein Haken
geschlagen wird, obwohl sich gleich nebenan ein idealer Felszacken
für eine Schlinge anbieten würde.)

Die Stärke einer Eisbirne nimmt proportional mit ihrer Größe und
der Härte des Schnees oder Eises zu. Sogar im weichen Schnee
kann eine richtig angelegte Eisbirne Hunderte von Kilogramm
halten, und im Eis kann sie so stark sein, daß das Seil das schwache
Glied ist. Mit einiger Übung kann man sie in der gleichen Zeit
bauen, die man für das Anbringen eines „Toten Mannes" oder
einer Hakenverankerung benötigt. Ich kletterte einmal einen
Monat lang mit John Cunningham am Ben Nevis, wo wir viele der
klassischen Eistouren machten. In dieser Zeit schlugen wir mehr
Eisbirnen als wir Eis- oder Felshaken setzten. Obwohl wir ebenfalls
keine Firnanker oder „Tote Männer" benutzten, gelangen uns viele
der Anstiege in einer sehr guten Zeit.

*John Cunningham steigt mit Hilfe einer
Eisbirne am Ben Nevis ab.*

Während im Eis ein Poller nur 30 Zentimeter Durchmesser haben muß, muß er im weichen Schnee mit einem Durchmesser von zwei Metern und einen halben Meter tief angelegt werden. Läßt sich der Schnee zusammendrücken, so sollte man ihn erst niederstampfen, bevor man die Rille für das Seil ausschlägt. Das Seil, das um den Poller gelegt wird, sollte eng anliegen. Der Poller muß einen Rand wie ein Pilz besitzen, damit das Seil nicht herausspringen kann.

Sichern in Schnee und Eis

Ist man richtig angeseilt und weiß, wie man eine Selbstsicherung baut, fragt man sich natürlich, wie man seine Partner auf dieser fremdartigen, schlüpfrigen Oberfläche sichern kann.
Sicherlich kennt man vom Felsklettern schon die einfache *Hüft-sicherung*★· die, steckt man bis zu der Achselhöhle zwischen zwei Blöcken eines Grates, sitzt man rittlings auf einem Baum einer Yosemitewand, oder in der ausgewaschenen Höhlung eines Gra-nitdomes, oder läßt man die Füße über den Rand eines hangein-wärts geneigten Quarzsimses baumeln, hervorragend funktio-niert. Im Fels sichert man am besten in einer sicheren Sitzhaltung, aus der man nicht herausgezogen werden kann. Für die einfachsten und sichersten Sicherungen im Schnee gilt das gleiche. Die einfach-ste Sicherungsmöglichkeit im Schnee ist die *sitzende Hüftsicherung*. Beispielsweise kann man in einer Spalte, in einem Graben, hinter einem Sérac oder hinter einem Felsbrocken, der sich selbst in den Hang geschmolzen hat, verklemmt sichern. In härterem Schnee kann man durch einige Pickelschläge einen nur oberflächlichen Sitz schnell ausbauen. Ein gegen Zug nach unten gesicherter Sitz wird in den meisten Fällen dazu reichen, den Führenden zu sichern. Da beim Gehen im Schnee selten Zwischensicherungen angebracht werden, wird ein Vorausgehender, der stürzt, immer unterhalb des Sichernden zum Halt kommen. Hüftsicherungen sind nicht die gebräuchlichsten Sicherungen im Schnee, sie sind jedoch am leichtesten aus dem Felsklettern zu übernehmen.
Schnee ist viel öfter als Fels einheitlich glatt und besitzt auch nicht die bequemen, natürlichen Standplatzmöglichkeiten wie der Fels. Die offensichtlichste Möglichkeit zu sichern, ist es, den Pickel einzuset-zen. Deshalb sind Pickelsicherungen dutzendweise erfunden wor-

★ Anmerkung des Übersetzers: *Der Sicherheitskreis des DAV und ÖAV erachtet Körper-sicherungen als unzureichend, im englischsprachigen Raum werden sie aber weitverbreitet angewendet.*

Sitzende Hüftsicherung. Man beachte, wie die Beine gestreckt und die Füße verkantet werden. Der Pickel wird als zusätzliche Stütze benutzt.

den; die meisten von ihnen sind jedoch kompliziert, unhandlich, gefährlich und absurd. Sogar die Besten von ihnen können in weichem Schnee gefährlich schwach sein.

Die Erfahrungen aus dem Felsklettern würden eigentlich eine Hüftsicherung mit Selbstsicherung als logische Lösung nahelegen. Hierbei würde man sich mit einer Selbstsicherungsschlinge in den bergwärts eingerammten Pickel einhängen und so sichern. Dies wäre einfach und logisch, aber ebenso gefährlich. Diese Sicherung ist nicht sehr stark, da das Seil sich am Pickelkopf und damit an der Schneeoberfläche, dort wo der Schnee am schwächsten ist, befindet. Unter Belastung würde sich der Pickel neigen, die Zugbelastung auf den Pickel kommt so von außen, und der Pickel würde aus dem Schnee gerissen. Die besten und schnellsten Sicherungen sind deshalb jene, bei denen der Körper den Pickel verankern hilft. Davon sind wie-

131

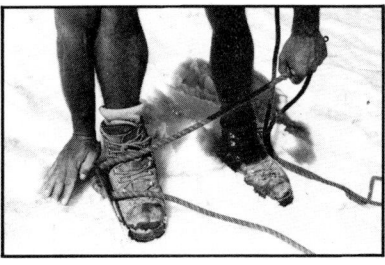

Die Stiefel-Pickel Sicherung.

derum die „Stiefel-Pickel"- und „Hüft-Pickel"-Sicherungen die verläßlichsten.

Die *„Stiefel-Pickel"* Sicherung ist normalerweise die sicherste Sicherungsart in mäßig geneigten Hängen. Hierzu rammt man den Pickelschaft gerade bis zum Pickelkopf in den Schnee. Quer zum Hang stehend drückt man den bergseitigen Schuh direkt unterhalb des Pickels in den Schnee, um zu verhindern, daß dieser ausscheren kann. Man führt das Seil über den Stiefel, um den Schaft herum und über den Stiefel wieder zurück. Während man das Seil mit der talseitigen Hand bedient, stützt sich die bergseitige Hand auf den Pickelkopf, um ihn am Ausbrechen zu hindern. Das gesamte Körpergewicht muß auf dem Pickel und dem Fuß, der ihn stützt, liegen. Obwohl der andere Fuß zur Erhaltung des Gleichgewichts und um einen Zug von unten auszugleichen hangabwärts gestützt wird, muß das gesamte Körpergewicht auf dem bergseitigen Fuß liegen. Dies ist der entscheidende Punkt. Man darf nicht vergessen, mit der bergseitigen Hand auf den Pickelkopf zu drücken, gleichzeitig jedoch darauf achten, daß das Seil nicht über den Finger läuft. Kann der Pickel nur teilweise eingerammt werden, müssen das Schienbein und das Knie zur Unterstützung des Pickelschaftes benutzt werden.

Im Falle eines Sturzes läuft das Seil über die Stiefelspitze, um den Pickelschaft, über den Fuß und um den Fußknöchel, um von der talseitigen Sicherungshand gehalten zu werden. Durch die Wucht des Sturzes werden Fuß und Pickel zueinander hingezogen, um sich gegenseitig zu stützen. Das Seil wird erst dann über den Fußknöchel gezogen, wenn der erste plötzliche Ruck des Sturzes vorüber ist, und man mehr Reibung benötigt, um den Partner allmählich zum Halt zu bringen.

Aus naheliegenden Gründen kann man die „Stiefel-Pickel" Sicherung in steilen Hängen nur schwierig anbringen. In dieser Situation muß man die *„Hüft-Pickel"* Sicherung anwenden. Tatsächlich habe ich in einigen weichen Schneeverhältnissen die „Hüft-Pickel" Sicherung als sicherer empfunden als die „Stiefel-Sicherung". Wie bei allen Pickelsicherungen muß man auch hierbei, um sie erfolgreich anwenden zu können, den Pickel am Ausbrechen hindern. Deshalb ist es wichtig, den Pickel sowohl gegen Zug von oben als auch von außen zu sichern. Der Pickel wird so tief wie möglich eingerammt, um sein Ausscheren in weichem Schnee zu verhindern. Dabei schaut die Breitseite des Schaftes hangabwärts. Das talseitige Bein verankert man ausgestreckt gegen Zug von unten. Während man das bergseitige Bein abgewinkelt abstützt, lehnen sich Hüfte und Oberschenkel gegen den Pickelkopf oder Pickelschaft. Mit der bergseitigen Hand wird zusätzlich Druck auf den Pickelkopf ausgeübt. Dies ist äußerst wichtig, um den Pickel daran zu hindern, herauszuspringen. Das Seil wird in der talseitigen Hand gehalten und um Hüfte und Pickelschaft gelegt wie bei einer normalen Sicherung. Bei einer guten „Hüft-Pickel" Sicherung wird nur ein Teil der Last von dem eingegrabenen Pickel gehalten. Da der Rest von den abgestemmten Beinen gehalten werden muß, ist es wirklich wichtig, sich vorher einen guten Platz zu stampfen, auf dem man sich abstützen kann. Wird auch nur eine dieser drei Komponenten (der eingerammte Pickel, das abgestützte Bein, die Hand auf dem Pickelkopf) nicht sauber ausgeführt, dann wird die Sicherung versagen. Die Theorie des *dynamischen Sicherns,* bei der der Sichernde das Seil zuerst durch die Hand gleiten läßt und erst allmählich Reibung erzeugt, um einen Sturz langsam abzubremsen, ist seit 30 Jahren allgemeingültiger Bestandteil der amerikanischen Felsklettertechnik. Auf Grund der neuen, hochdehnbaren Perlonseile in Verbindung mit zuverlässigeren Haken, Klemmkeilen und Schlingen ist das dynamische Sichern im Fels nicht mehr ganz so wichtig. Beim Klettern im Schnee können wir es jedoch mit den am schwächsten verankerten Sicherungspunkten zu tun haben, weshalb das dynamische Sichern eine absolute Vorbedingung für die erfolgreiche Anwendung sowohl der „Stiefel-Pickel" – als auch der „Hüft-Pickel" Sicherung ist. Dynamisches Sichern ist nicht deshalb notwendig, um etwa das Nervenkostüm des Führenden zu schonen, sondern vielmehr, um den Fangstoß auf den Sichernden und auf die Verankerung abzuschwächen. Es dreht sich alles um diesen ersten Ruck. Hat man diesen überstanden, ist es nicht mehr schwierig, das Seil durchlaufen zu lassen und es gleichmäßig und allmählich abzubremsen. Man sollte stets daran denken, daß ein nasses Seil einen erheblich höheren Reibungswiderstand hat. Benützt man 9 Millimeter Seile, so wird dies dem System mehr Elastizität verleihen. Wichtig ist, daß man das dynamische Sichern im Schnee übt, bevor man es im Ernstfall anwenden muß. Nur so kann man die Grenzen dieser Methode bei schlechten Verhältnissen erkennen und die dynamische Seilführung so verbessern, daß diese Grenzen erweitert werden können. Man muß diese Sicherungsmethode so lange üben, bis das Seil während des ersten Rucks praktisch automatisch durch die Hand gleitet. Glücklicherweise ist dies viel leichter als bei Sicherungsübungen im Fels – alles, was man hierzu benötigt, ist ein Schneehang mit einem guten Auslauf und einen waghalsigen, sturzfreudigen Partner.

Bisher habe ich nur Sicherungsmethoden behandelt, bei denen der Pickel ganz oder teilweise eingerammt werden kann. Was geschieht jedoch in sehr hartem Schnee oder Eis? Wenn wir an das Sichern im Eis denken, fällt unseren modernen Gehirnen nichts anderes ein als: Eishaken. Aber was passiert, wenn man mitten in der Wand seine Materialschlinge fallen läßt? Oder vielleicht hat man, um Gewicht zu sparen, nicht genügend Eishaken mitgebracht? Deshalb sollte man

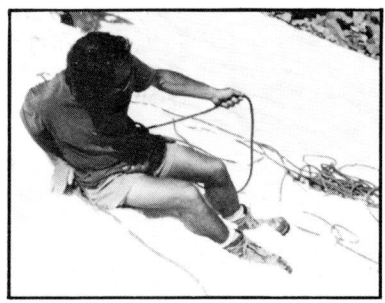

Hüft-Pickel Sicherung.

die Möglichkeit einer Sicherung über Eisbirnen, mit denen man alle klassischen Schnee- und Eiswände der Alpen, bei denen man am Seil geht, genauso sicher klettern kann wie mit Haken, nicht ausschließen. Darüberhinaus spart man dabei Geld, Gewicht und hat die Befriedigung, „natürliche" Sicherungsmöglichkeiten benützt zu haben.

Ein weiteres Ass im Ärmel könnte die „Hauen-Sicherung" sein. Durch Pickel mit gekrümmten Hauen und festen Metall-, Glasfaser- oder verleimten Holzschäften ist die „Hauen-Sicherung" stark und sicher geworden. Hierbei wird die Haue des Pickels, Eishammers oder Eisbeiles so tief wie möglich ins Eis getrieben. Falls notwendig wird sie mit dem anderen Gerät noch tiefer eingehämmert. Dann hängt man das Seil entweder in das Loch im Kopf oder besser in die Gelenkschlaufe ein, falls diese belastbar genug ist. Benützt man dazu die richtigen Geräte, wird diese Sicherung eine sehr hohe Sturzlast halten können.

Hakentechnik

Liegt die Temperatur unter dem Gefrierpunkt, wird nahezu jeder Eishaken halten, denn der Haken schmilzt, wenn er eingeschlagen wird, das Eis, und Sekunden später wird er durch das Eis wieder festgefroren. Im Sommer herrschen jedoch nicht immer die nötigen Kältegrade, so daß ich nur Rohreisspiralen und Spiralzahnhaken empfehle, da diese auch bei kritischen Verhältnissen oberhalb des Gefrierpunktes gut zu halten scheinen.

Die Rohreisspirale hat die größte Haltekraft aller Eishaken und Schrauben. Wo immer möglich, sollte sie allen anderen Haken- und Schraubenarten vorgezogen werden. Um eine Rohreisspirale zu setzen, hackt man mit der Pickel- oder Hammerhaue ein Loch aus und hämmert dann die Schraube so lange ein, bis die ersten Windungen greifen. Indem man einen anderen Haken oder einen Hammer als Hebel benutzt, dreht man die Schraube ein. Ist das Gewinde der Schraube scharf, kann man eine Schraube oft nur mit der Hand setzen. Es ist möglich, sogar eine 28 Zentimeter Schraube in wenigen Sekunden zu setzen, indem man den Pickel als Hebelarm benutzt. Der Spiralzahnhaken wird nicht eingedreht, sondern mit vielen leichten Schlägen gerade eingehämmert. Je spröder das Eis ist, um so leichter müssen die Schläge sein. Schlägt man einen Spiralzahnhaken in hartes Eis, dann wird er sich ein bißchen im Uhrzeigersinn drehen. Je härter das Eis, um so größer die Drehung. Man sollte diese Drehung vorwegnehmen, indem man die Hakenöse gegen den Uhrzeigersinn verdreht, bevor man den Haken einschlägt, sodaß sie, wenn der Haken richtig sitzt, sich selbst in die richtige Stellung

Entfernen einer Eisschraube, indem man den Pickel als Hebel benutzt. Foto Doug Ross.

gedreht hat. Dies kann in hartem, kaltem Eis bis zu einer Vierteldrehung bedeuten.

Die Haltekraft einer Schraube oder eines Hakens hängt mehr vom Belastungswinkel und der Härte des Materials ab, als von der Haltekraft des Gewindes. Bevor ein Haken herauskommt, ob im Eis oder Fels, muß die normalerweise rechtwinklige Zugbelastung zu einer Belastung nach außen werden. Der Haken muß sich entweder biegen oder durch das Eis scheren, bis der Zug nach außen wirkt. (z.B. kann man einen Nagel nicht mit einer Beißzange herausziehen, wenn man ihn nicht biegt.) Alle Eishaken sollten deshalb in einem ungefähren Winkel von 45 bis 60 Grad in den Hang getrieben werden.

Ein Spiralzahnhaken sollte immer ganz in das Eis geschlagen werden. Man sollte niemals einen Karabiner in einen Haken einhängen, der halb heraussteht und auch niemals einen Haken abbinden, da er brechen könnte. Oft hat das Eis eine weiche acht oder zehn Zentimeter dicke Oberschicht. Ein Spiralzahnhaken, der in diese Art von Eis ganz eingeschlagen wird, hält nur ein klein wenig besser als ein halbeingeschlagener, weil unter Belastung das Oberflächeneis abspringen wird, und der Haken ausscheren oder durch das weiche Eis schmelzen wird. Deshalb muß man das spröde oder weiche Oberflächeneis abräumen, bevor man einen Haken setzt.

Tests haben ergeben, daß gewisse Rohrschrauben je nach Härte oder Sprödigkeit des Eises, Temperatur, Belastungswinkel und Länge der Schraube zwischen 500 und 2000 Kilopond halten können. Der Spiralzahnhaken hält, bevor er herauskommt oder bricht, maximal 1000 Kilopond.

Die „Stiefel-Schrauben" Sicherung wendet man auf sanften Hängen oder an flachen Stellen an. Hierbei setzt man einen Eishaken oder eine Schraube und hängt das Seil mit einem Karabiner darin ein. Dann wird der mit Steigeisen versehene Fuß so auf die Schraube gestellt, daß der innere Zacken des vierten Paares (von der Fußspitze her gezählt) durch den Karabiner führt. Je nachdem, wie stark man das Seil im Karabiner abklemmt, kann man den Reibungswiderstand des Seiles erheblich variieren. Dann läuft das Seil über die Innenseite des Schuhes und um den Knöchel. Die Sicherungshand kontrolliert die Bremskraft, je nachdem wie stark sie das Seil um den Knöchel laufen läßt, ähnlich wie bei der „Stiefel-Pickel" Sicherung.

Im steilen Eis ist es am besten, wenn der Sichernde mit einer Eisschraube selbst gesichert ist und mit einer normalen Hüftsicherung nachsichert. Verwendet man moderne Rohreisspiralen in gutem Eis, so genügt normalerweise eine Schraube für eine Verankerung. Man kann die Verankerung verstärken, indem man zusätzlich seitlich einen Hammer oder Pickel verankert und die beiden Punkte verbindet.

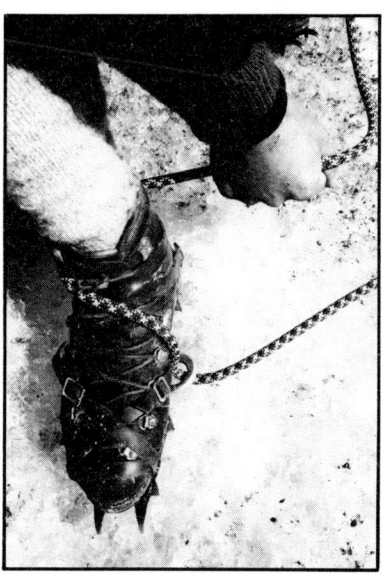

Eine Eisschraube wird im richtigen Winkel eingeschraubt. Unten, Stiefel-Schrauben Sicherung.

Normalerweise bringe ich meine Sicherungspunkte so hoch wie möglich und nicht auf Hüfthöhe an. Sollte der Vorangehende in die Zwischensicherung stürzen, so wird in diesem Falle der Sichernde nach oben gezogen, was das System noch dynamischer macht. Um sicher zu stellen, daß man das Sicherungsseil nicht fallen läßt, hängt man es mit einem Karabiner am Bauchgurt ein. ★

Das Begehen einer extrem steilen Wand harten, glatten, blauen Eises ist nicht nur körperlich ermüdend, sondern kann auch zu einer der härtesten geistigen Belastungsproben des Bergsteigers werden. Sicherlich sind die gefährlichsten Augenblicke gegen Ende einer geführten Seillänge zu suchen, wo man mit abgespannten Nerven, verkrampften Beinen, nur auf den Frontalzacken stehend, einen Standplatz einrichten muß. In diesem Fall zieht es der Vorangehende häufig vor, auf das Anbringen vieler Zwischensicherungen zu verzichten und geht einfach weiter. Spart man Energie, klettert man sicherer.

Dehnt man die Führung auf diese Art aus, muß der Stand bombensicher sein! Gegen Ende der Seillänge schaut sich der Führende nach einem hervorspringenden Fels oder einer Mulde um, wo der Neigungswinkel des Hanges geringer ist. Man bleibt dort, schlägt die Haue seines Hammers oder Pickels hoch über sich ein und hängt sich an dieser vorübergehenden Sicherung ein. Hierbei muß man darauf achten, daß die Haue fest verankert ist, und die Pickelschlaufe am Bauch- oder einem engen Schultergürtel festgebunden ist. Nunmehr schlägt man mit dem Pickel eine Stufe, die groß genug ist, um beide Füße auszustellen. Jetzt kann man ausruhen und Sicherungsschrauben anbringen. Obwohl unter idealen Bedingungen Rohrschrauben über 2000 Kilopond halten können, sollte man sich nicht darauf verlassen. Gewisse Eisarten, besonders sprödes Eis, sind äußerst unzuverlässig. Wenn man nicht unter Zeitdruck steht, sollte man zwei Eisschrauben oder -hacken als Sicherung anbringen. Eine in Augenhöhe, in die man sich mit einem Mastwurf einhängt. Dann steigt man höher und bringt eine weitere Schraube (Haken) einen oder zwei Meter höher an. Über einen Karabiner in dieser Schraube lenkt man das Seil um und bringt noch einen zusätzlichen Karabiner an. Nun steigt man zum Standplatz ab, um von dort aus zu sichern. Der Partner wird nunmehr direkt über den Karabiner am oberen

★ Anmerkung des Übersetzers: *Der Autor geht hier davon aus, daß der Sichernde keine dynamische Sicherung an einer Verankerung hat, sondern eine dynamische Körpersicherung anwendet.*

Haken gesichert. Folgt er nun nach, übernimmt er das Material und die weitere Führung, so ist seine erste Zwischensicherung schon angebracht. Da nichts erschreckender ist, als 24 scharfe Zacken über seinem Kopf hängen zu haben, hält sich der Führende leicht seitlich und dehnt seine geführte Länge so weit aus, wie es seine Nerven oder die des Sichernden erlauben. Es ist wesentlich besser, einen 50 oder 75 Meter Sturz über eine Schraube zu halten, als die ganze Wucht des Falls nur mit einer Hüftsicherung abfangen zu wollen. Bei dieser Art des Kletterns funktionieren mechanische Sicherungsvorrichtungen (HMS, Abseilachter, Stichtplatte) sehr gut.

Das Setzen von Zwischensicherungen und das Einrichten von Standplätzen in senkrechtem oder überhängendem Eis verlangt ein großes Maß an Kraft, Geschicklichkeit, richtige Ausrüstung und Umsicht. Die Alternative wäre jedoch, ohne Zwischensicherungen zu klettern oder künstliche Hilfsmittel zu gebrauchen. Das Problem besteht darin, daß man zum Setzen einer Eisschraube zwei Hände benötigt, man jedoch nicht einfach seine Geräte loslassen kann, da man sonst nach hinten wegkippen würde. Die einfachste Methode, die ich mir hierzu ausgedacht habe, ist folgende: Man schlägt beide Geräte fest ein, besonders das linke (vorausgesetzt man ist Rechtshänder). Dann nimmt man die Hand aus der Gelenkschlaufe, löst die Verdrehung und führt den ganzen Arm bis zum Ellbogen durch die Schlaufe und hängt sich mit dem ganzen Körpergewicht an dieses Gerät. Nun hat man die linke Hand frei, um einen Eishaken zu halten, während man ihn mit dem Eisbeil einschlägt. Eine andere Methode beruht darauf, einen „Seilschwanz" zu benutzen. Dies ist ein kurzes Stück Seil, das ständig am Hüftgürtel angebunden ist und an seinem Ende einen Cliffhänger, einen Fiffihaken oder einen Karabiner hat. Hängt man den Karabiner in die Handgelenkschlaufe des eingeschlagenen Pickels ein, kann man sich zurücksetzen und sich entspannen, während beide Hände frei sind, um eine gute Rohreisspirale zu setzen. Verwendet man eine Terrordactyl, dann hängt man den Cliffhänger direkt an der Haue, ganz knapp vor dem Eis ein, um keine Hebelwirkung zu erzeugen. In sehr sprödem Eis mag man es vorziehen, mit zwei Eisbeilen zu führen, sodaß man eines zum Einschlagen des anderen benützen kann. Der Seilzweite folgt dann mit beiden Pickeln nach.

Das Setzen einer Eisschraube, während man mit dem Ellbogen an einer Gelenkschlaufe hängt. Foto Del Johns. Einrichten eines Standplatzes, während man an einem Seilschwanz mit Cliffhänger hängt. Foto Rob Taylor.

Die Fotos auf den folgenden Seiten zeigen Doug Robinson und den Autor bei der Erstbegehung des zentralen Leevining Icefall in der Sierra Nevada, 1970. Fotos Russ McLean.

Potentielle Sicherungen

Hat man es einmal geschafft, gut gesichert gehen zu können, so ist dies auf einer sich ständig verändernden Oberfläche wie Schnee schon eine Leistung. Man kommt jedoch nur langsam vorwärts, wenn man nach jeder Seillänge anhalten und sichern muß. Und zwar so langsam, daß man keine Chance hat, eine große Wand hochzukommen, ohne Gefahr zu laufen, von einer Lawine am Nachmittag erwischt, einem Gewitter überrascht zu werden und/oder auf weichen Schneebrücken einzubrechen. Man kann nicht auf das Tempo drücken, indem man Sicherungen setzt und einzeln geht. Erfahrene Eisgänger werden in steilen Schneehängen kaum Sicherungen benötigen; sie werden sich vielmehr auf ihr Selbstvertrauen, ihre Erfahrung und ihre Selbstsicherung verlassen. Aber jeder von uns muß einmal anfangen, und jeder von uns macht Fehler. Die Fähigkeit, in steilem Schnee mit einem Anfänger oder erschöpften Klienten schnell und sicher zu gehen, stellt für einen Führer vielleicht die größte Herausforderung dar. Der Bergführer ist dafür verantwortlich, seinen Klienten heil und sicher den Berg hinauf und wieder herunter zu bringen – und sich selbst natürlich auch. Er weiß, daß man schnell gehen muß, um einigermaßen sicher zu sein. Genauso ist er sich aber auch bewußt, daß die Möglichkeit besteht, daß ein Klient ausrutscht und sie beide aus der Wand reißt. Viele Führer lehnen es deshalb ab, sich dieser Gefahr auszusetzen und führen keine langen Schnee- oder Eisanstiege. Einige alte, erfahrene Bergführer sind jedoch in der Lage, angeseilt mit ihren Klienten in relativer Sicherheit die klassischen Eiswände zu gehen. Sie haben einen sechsten Sinn dafür, zu spüren, wann ein Klient ausrutschen könnte, wo sie das Seil straff halten müssen, und wann sie zurückschauen müssen. All dies erfordert eine ausgefeilte Technik und im besonderen die Fähigkeit, eine *„potentielle Sicherung"* anbringen zu können. Niemand sollte sich Bergführer nennen, solange er nicht die Fähigkeit besitzt, in Wänden unterschiedlichster Neigung aus dem Gehen blitzschnell irgendeine Form von Sicherungen anbringen zu können.

Wann immer eine Gruppe angeseilt ist, müssen alle Seilkameraden darauf gefaßt sein, einen Sturz in Sekundenschnelle unter Kontrolle bringen zu können. Hierfür gibt es je nach Situation verschiedene Methoden. Man benötigt eine Sicherung, die hauptsächlich potentiell ist, jedoch im Notfall schnell, ja sofort, angewandt werden muß. Eine starke Seilschaft wird normalerweise in den großen Schneewänden zwar angeseilt, aber gleichzeitig gehen. Man benutzt das Seil, um gelegentlich an steilen Buckeln oder Eisflecken sichern zu können. Geht man gleichzeitig (ob im Fels, im Schnee oder auf dem Gletscher), muß das Seil verkürzt werden. Hierfür nimmt jeder einige kleine Schlingen auf, die gerade groß genug sind, um über die Schulter zu gehen und gerade noch bis zur Körpermitte hängen. Dann bindet man sich mit einem Bulin-Knoten auf einer Schlinge, die durch den Bauchgurt oder das Klettergeschirr und über die Seilschlingen gezogen wird, ein.★

Geht man gleichzeitig in sehr steilen Schneehängen, kann man ein Seilstück benutzen, das den Bauchgurt mit dem Pickel verbindet. Ich benutze hierfür meine normale Prusikschlinge, die in dem Kapitel über Spaltenbergung näher erklärt wird. Ein Ende binde ich in meinen Bauchgurt und lege das andere in einer Schlinge um den Schaft des Pickels, indem ich die Schlinge mit der Hand auf dem Pickelkopf halte. Im direkten Aufstieg bin ich nunmehr in „piolet manche" Stellung selbstgesichert und kann ebenfalls meinen Kameraden eine gewisse Sicherung geben. Sollte nun ein Felsbrocken oder eine kleine Lawine herunterkommen, ramme ich den Pickel ein, lasse die Schlaufe fallen, sodaß sie auf dem Schnee aufliegt, um eine Hebelwirkung zu verhindern.

Die „Stiefel-Pickel" Sicherung eignet sich ebenfalls gut als potentielle Sicherung beim gleichzeitigen Gehen in mäßig steilen oder steilen Hängen. Das Seil, das zum Vorangehenden führt, hält man gemeinsam mit dem Pickel in der Hand und zwar so, daß es auf der dem Hang zugewandten Seite des Pickelschaftes entlangführt. Die andere Hand hält einige Seilschlingen. Eine schnelle Pickelsicherung erhält man, indem man den Pickel neben dem bergseitigen Fuß einrammt. Um eine Hebelwirkung zu vermeiden, läßt man gleichzeitig das Seil fallen, sodaß es am Schaft hinuntergleitet. Den talseitigen Fuß stemmt man in den Schnee, während man gleichzeitig die in der Hand gehaltenen Schlingen fallen läßt. Dann greift man nach dem Sicherungsseil und bremst den Sturz dynamisch ab. Das ganze Körpergewicht liegt auf dem bergseitigen Fuß, der den Pickel abstemmt und auf der bergseitigen Hand, die den Pickel in Position hält. Abgesehen vom Überraschungsmoment, wird diese Sicherung auch im Notfall wie eine vorbereitete Sicherung ausgeführt. Beherrscht man sie so weit, daß sie instinktiv durchgeführt wird, stellt diese Sicherung eine sehr wirksame Methode dar. Es ist zwar verwirrend und schwierig, all diese Bewegungen gleichzeitig auszuführen, aber sie kann noch verwirrender sein. Man kann beispielsweise den Pickel an irgendeiner Stelle einrammen und dann erst den bergseitigen Fuß dagegenstemmen. Dies wäre ein zusätzlicher

Die amerikanische Methode, das Seil zu verkürzen und sich mit einem Bulinknoten einzubinden.
Foto Tom Frost.

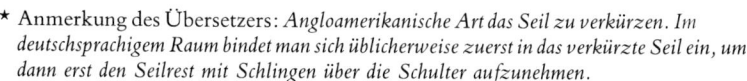

★ Anmerkung des Übersetzers: *Angloamerikanische Art das Seil zu verkürzen. Im deutschsprachigem Raum bindet man sich üblicherweise zuerst in das verkürzte Seil ein, um dann erst den Seilrest mit Schlingen über die Schulter aufzunehmen.*

Schritt und würde einige wertvolle Sekunden kosten. Deshalb heißt es auch hier: üben, üben, üben.

Einer der wichtigsten Faktoren für die erfolgreiche Anwendung einer potentiellen oder sofortigen Sicherung stellt die Reibung dar, die das Seil, das über die Schneeoberfläche gezerrt wird, erzeugt. Zum Beispiel ist es viel leichter, den Sturz eines Führenden zu halten, wenn sich der Führende weit seitlich und oberhalb und nicht direkt über dem Sichernden befindet. Dann wird die Reibung des Seiles auf dem Schnee einen Teil der Sturzwucht absorbieren. Ein guter Führer wird dies stets zu seinem Vorteil zu nutzen wissen. Außerdem kann er, wenn er sich seitwärts befindet, seinen Klienten immer im Blickwinkel behalten.

Abseilen

Beim Abstieg in extrem steilem Schnee oder Eis wird abgeseilt. Eisschrauben oder Firnhaken können als Abseilverankerungen zurückgelassen werden. Eine der besten und sicherlich billigsten Abseilverankerungen ist die Schnee- oder Eisbirne, die in den Hang geschlagen wird. Handelt es sich um weichen Schnee, sollte man das Seil nicht direkt um die Birne führen, sondern statt dessen eine zusätzliche Schlinge benutzen, um das Abziehen des Seiles zu erleichtern. Man kann die Birne verstärken, indem man den Schnee vorher feststampft und ihre Bergseite zur besseren Gewichtsverteilung mit Felsbrocken bestückt.

Jedes Abseilen kann man selbstgesichert durchführen. Obwohl es im Grunde sehr einfach ist, ist es erstaunlich, daß dies nicht öfter getan wird. Besteht die Gefahr des Stein- oder Eisschlages, ist es besonders wichtig, selbstgesichert abzuseilen. Hierzu bindet man einfach eine am Klettergürtel befestigte Reepschnurschlinge mit einem Prusik-knoten in das Seil. Besonders wenn das Seil naß oder eisig ist, gewährleistet ein dreifacher Prusikknoten mit einer 5 oder 6 Millimeter Reepschnur eine größere Sicherheit als normalerweise der einfache Prusikknoten. Eine Hand führt den Knoten beim Abseilen lose mit. Sollte man die Kontrolle verlieren, verklemmt sich der Knoten selbsttätig. Man muß jedoch unbedingt darauf achten, daß die Reepschnurschlinge nicht zu lang ist, und sich damit der Knoten außerhalb der eigenen Reichweite verklemmen kann!

Gegenüber, in der Window Route, Mount Kenia. Foto Tom Frost.

In der Randkluft des Palisade Gletschers,
Sierra Nevada. Foto Tom Frost.

Wir stiegen gerade auf unserem Weg nach Crowberry über den Lawinenschutt des großen Gullys, als ein unheilvolles Krächzen die Stille zerriß. Zwei schwarze Raben schwebten über der Buachaille. Mir klangen noch die Worte von John Cunningham im Ohr: „Das Ravens Gully ist die schwierigste Tour im Coe und man sollte es nur bei guten Verhältnissen machen." Den herrlichen Hang, dessen Oberflächenbeschaffenheit stark an Styropor erinnerte, gingen wir ganz im Alleingang bis zum ersten riesigen Klemmblock, den wir mit einigem Brummen erstiegen. Dahinter wieder perfekter Schnee. Als der nächste Block einigen Widerstand leistete, wurde er sofort mit einigen „trickreichen Seilmanövern" bekämpft. Wir fühlten uns durch Ian Cloughs Rat gerechtfertigt: „Schnelligkeit ist der entscheidende Faktor . . . Man braucht sich nicht an einen künstlichen Ehrenkodex zu halten . . .". Also los!

Weiter oben kamen wir an eine weitere Sperre mit einem feuchten Standplatz in einer Höhle. Über das folgende Dach ragte eine Säule aus schaumigem Eis, die unter dem Schlußmann zusammenbrach. Wir waren schon eine Seillänge höher, als wir Hamishs Austiegsvariante „Barefoot Exit" ausmachten, die nach links führte. Ein Rückzug bedeutete, an diesem letzten Block zu versagen. Immerhin fühlten wir uns in dieser Spalte ziemlich sicher, obwohl sie weiter oben noch dunkler und stiller zu werden schien.

Nur ein verschwindender Lichtstrahl fiel über einen gewaltigen Felsbrocken, der zwischen zwei Eiswänden steckte, zu uns herab. Die Eisschicht am Fels war zu dick für unsere Vibramsohlen und zu dünn für die Steigeisen. Die Seitenwände des Kamins waren weit – zu weit – auseinander. Es blieb nur eins, seine Beine so weit wie nur irgend möglich zu spreizen und sich so hoch wie möglich hinaufzuscharren, bevor die Beine nachgaben. Zumindest war der Grund des Kamins mit weichem Schnee aufgefüllt. Immerhin schaffte Doug Tompkins, der plötzlich stark einem Adler mit voll ausgebreiteten Flügeln ähnelte, eine Höhe von drei Metern, bevor er absprang. Mit einem Spagat à la Nurejew gelangen mir immerhin vier, aber dann verließen auch mich die Kräfte. Schließlich erreichte Doug sechs . . . bei zehn Metern konnte ich gerade noch die Spitze eines Messerhakens verankern, bevor meine Beine zusammenklappten. Der dünne Lichtstrahl wurde immer schwächer, als ich mich endlich zum Haken hinaufgearbeitet hatte, um einen letzten Versuch zu starten. Während einer entsetzlich kurzen Rast in einer Standschlinge schwor ich mir, beim nächsten Mal im schottischen Winter für das Felsklettern besser vorbereitet zu sein! In der Tat waren die nächsten zehn Meter bis zu dem Felsbrocken eine zittrige Angelegenheit.

Es blieb nur noch der Durchschlupf übrig, unter dem Hamish während seines Alleingangs biwakiert hatte. Tompkins ging das dünne Eis und den Pulverschnee mit abgebundenen Schrauben und seiner besten Kollektion von Schimpfwörtern an. Nach einer Weile, mir kam es wie eine Stunde vor, ein erleichtertes „Ahooya!" Wir waren nicht auf dem Gipfel, aber wir waren draußen!

7

Wie man die Oberhand behält

Der Berg

Die Erde, sie kühlt ab, wirft Falten und errichtet so Berge. Die
Schwerkraft setzt ihrem Wachsen Grenzen. Diese faszinierenden
Minarette stehen in einem Meer von Luft, das sich ständig verändert
– die Luft nimmt das Wasser, das die Sonne dem Meer entzogen hat,
auf und gibt es an die Erde wieder ab. Kommt nun das riesige
Luftmeer mit den in den Himmel ragenden Gesteinsfalten in Berüh-
rung, wird es am Weiterfließen gehindert, angehoben und abge-
kühlt. Unweigerlich wehrt es sich, und gießt Ströme von Wind und
Wasser – oft in kristalliner Form – auf die felsigen Erhebungen. Bald
darauf beginnt das Wasser seine Reise bergab und nimmt dabei
Gestein mit. Steinschlag, Niederschlag, Eisschlag, Lawinen: der
Kletterer muß sich mit jedem von ihnen einzeln auseinandersetzen
oder zu ihrem Opfer werden. Wissen ist Macht und heißt Leben.
Nirgends auf dem Planeten sind die Kräfte des Wandels aktiver und
augenscheinlicher als in den Bergen. Berge entstehen zwar oft
abrupt, sie sind jedoch von diesem Zeitpunkt an einer nicht enden
wollenden Zerstörung ausgesetzt. Der Bergsteiger begibt sich mitten hinein in diese Metamorphose. Felskletterer stellen sich vor, ihre
Welt sei unveränderlich, und deren Schöpfungen unsterblich; und
doch erklettern sie nur die Oberfläche der äußersten Schicht eines
sich mitten im Erosionsprozeß befindlichen Berges. Schnee- und
Eiskletterer machen sich weniger Illusionen; die Auswirkungen von
Frost und Hitze haben ihnen eine Landschaft hinterlassen, die zer-
trümmerter ist, die unter ihren Händen abbricht und über ihren
Köpfen überhängt. Deshalb haben sie gelernt, sich vorsichtig auf
Zehenspitzen zu bewegen.
Zwar mag der Wandel gnadenlos sein, er ist jedoch selten zufällig.
Wie Einstein einmal sagte, „spielt Gott nicht Würfel mit dem
Universum." Die Triebschneelawinen, die nach einem Neuschnee-
fall eine steile Wand hinunterfegen, gehorchen einem bestimmten
Rhythmus. Die Schneerutsche in einem Gully kommen in einem
Abstand von drei Minuten; in dieser Zeit muß man es gleich nach
dem Abgang eines Rutsches gequert haben. Viele Gefahren des

Gegenüber, in der Nordwand der
Cima di Rosso in den Bergeller Alpen.
Foto John Cleare.

147

Gebirges sind nicht so genau meßbar, und doch folgen sie einem täglichen oder jahreszeitlich bedingten Zyklus. Der beste Schutz des Bergsteigers ist die richtige Zeiteinteilung. Man begeht Schneefelder, sobald sie zu einer griffigen Unterlage gefroren sind, fährt sie ab, wenn die Oberfläche aufgetaut ist und hat sie verlassen, wenn der Hang tief genug durchweicht ist, um lawinengefährdet zu sein. Man sollte mit wenig Gepäck und schnell gehen; Schnelligkeit bedeutet Sicherheit.

Klettert man an einem kleinen Felsen, so kann man seine Situation nahezu vollständig kontrollieren. Die lockeren Griffe sind durch Generationen von Kletterern verschwunden; Führerhandbücher und genaue Routenbeschreibungen erklären die zu bewältigenden Schwierigkeiten; der Kletterer muß sich nur hauptsächlich damit beschäftigen, die Route auszuwählen, die seinen Fähigkeiten entspricht. In Schnee und Eis ist dies anders. Hier hat man es mit einem plastischen Medium zu tun, dem veränderlichsten überhaupt. Und man trifft es nicht in den Klettergärten in der Nähe einer Stadt an, sondern im Hochgebirge, wo es durch das unbeständige und unkontrollierbare Wetter beeinflußt wird.

Es dauert nicht lange, bis ein Anfänger im Eisklettern die Techniken erlernt hat, die notwendig sind, um einen großen Eisanstieg zu machen. Um ihn jedoch sicher durchzuführen, bedarf es jahrelanger Erfahrung und Übung. Die reine Gehtechnik bzw. Klettertechnik in Schnee und Eis kann ziemlich schnell erlernt werden. Die Beurteilung und Einschätzung der jeweils herrschenden Verhältnisse ist

Die Nordwand der Aiguille de Triolet.
Foto Jürgen Winkler.

148

jedoch eine schwierige und komplizierte Kunst. Wollte man in diesem Buch alle Nuancen dieser Kunst beschreiben, so wäre dies nicht nur absurd, sondern würde den Eiskletterer auch eines der größten Erlebnisse des Bergsteigens berauben – der Freude am Entdecken. Deshalb möchte ich mich auf einige wenige Bemerkungen über die häufigsten Gefahren beschränken, sodaß der Eisanfänger zumindest eine Chance hat, sein erstes großes, alpines Abenteuer zu überleben.

Grate und Wächten

Die Wächte, eine Gefahr, mit der man auf Schneegraten fertig werden muß, besteht aus einer überhängenden Schneelippe, die über die Leeseite des Grates immer weiter hinauswächst, je mehr Schnee der Wind anhäuft, bis sie entweder auf Grund ihres eigenen Gewichtes abbricht oder abgeschlagen wird. In den Anden sind die Wächten im Spätwinter und im Frühling am größten. In den Alpen und im Himalaya sind sie das ganze Jahr über gefährlich. Wächten kann man leicht erkennen, wenn man von der Leeseite auf sie zukommt. Kommt man aber von der Luvseite, so wird dies wesentlich schwieriger. Jeder scharfe Grat, der abgeflacht erscheint, muß mit Vorsicht behandelt werden. Um alle Wächten macht man am besten einen großen Bogen! Die Bruchlinie einer Wächte verläuft normalerweise in dem Winkel, in dem der überwächtete Hang geneigt ist, und nicht in einer senkrechten Linie. Gelegentlich stößt man auch auf Doppelwächten.

Eine Wächte auf dem Nordwestgrat des Illimani, Cordilliera Real, Bolivien. Diese Wächte könnte weit unterhalb der Spur abbrechen. Foto Herbert Ziegenhardt.

Couloirs

Jene tiefen, dunkle Schluchten eines Berges, die man Couloir nennt, sind oft die naheliegendsten Anstiegsrouten. Normalerweise sind sie nicht so steil wie die sie begrenzenden Wände und scheinen leichter zu klettern zu sein. Dies wäre wirklich schön, wenn sie nicht auch gleichzeitig für Stein- und Eisschlag oder Schneelawinen die bevorzugte Fallinie wären. Sie bilden nicht nur natürliche Trichter, sondern die Tatsache, daß sie sich überhaupt gebildet haben, weist auf schwachen, brüchigen Fels hin. Deshalb sollte man stets den Hang am Grunde eines Couloirs auf frischen Steinschlag untersuchen. Aber selbst wenn der Schnee unberührt ist, darf man sich nicht täuschen lassen. Entweder kann der Bergschrund den Steinschlag verschluckt haben, oder der Schutt kann versteckt im weichen Schnee liegen. Am Morgen, kurz nachdem die Sonne in die Wände fällt, und die Eisschicht zwischen den Felsen schmilzt, ist der Steinschlag am schlimmsten. Wenn sich am Nachmittag das gefrierende Wasser in Spalten ausdehnt und Felsbrocken absprengt, herrschen nochmals für eine kurze Zeitspanne ungünstige Verhältnisse.

Am Morgen trifft die Sonne zuerst den Gipfel. Ein nach Norden liegendes Couloir mag sie in seinem oberen Teil nur für eine kurze Zeit bescheinen. Deshalb sollte man eine Route so planen, daß man zu diesem Zeitpunkt sich nicht an einer exponierten Stelle befindet.

In den kanadischen Rockies (mit Bändern, die bis zu ihrem Maximalwinkel mit Geröll und Kies beladen sind) ist der Steinschlag während eines heftigen Regengusses besonders schlimm. Die Standplätze sollten so eingerichtet sein, daß sie von oben geschützt sind. Besteht die mögliche Gefahr, daß andere Seilschaften Stein- oder Eisbrocken loslösen, sollte man versuchen, als erste einzusteigen. Es ist ein wesentlich größerer Sicherheitsfaktor, in einer Führe die erste Seilschaft zu sein als z. B. Steinschlaghelme zu tragen.

Da Schneecouloirs oft überwächtet sind (besonders im Winter oder Frühling), sollte man sich versichern, daß man ihr oberes Ende einsehen kann, bevor man einsteigt. Wächten stellen nicht nur an sich eine Gefahr dar, sie können auch Steinschlag oder Schneerutsche auslösen.

Der gefährlichste Abschnitt eines Couloirs befindet sich in seiner Mitte. Macht das Gully eine Biegung, muß man sich entscheiden, welche Seite sicherer ist. Am besten benutzt man die Randkluft, jener spaltenähnliche Graben entlang des Seitenrandes einer Schneerinne, wo das Eis vom Fels weggeschmolzen ist. Die Randkluft ermöglicht nicht nur geschützte Standplätze, sondern bietet auch oft interessante Klettermöglichkeiten, die stark an schottische Verhältnisse erinnern, mit einem Fuß auf dem Fels und mit einem auf dem Eis. In der Eigernordwand klettern erfahrene Bergsteiger das berühmte zweite Eisfeld an seiner relativ sicheren rechten Seite hoch und queren dann die obere Randkluft nach links, da die sich darüber erhebende Steilwand Schutz vor Steinschlag bietet. Der weniger erfahrene Kletterer würde sich seinen Weg schräg über den Hang suchen und so 20 Seillängen dem Steinschlag ausgesetzt sein. Man sollte sich stets daran erinnern, daß Randklüfte natürliche Standplätze, Schutz vor Steinschlag und leichteres Klettern bieten.

Die Verhältnisse in einem Couloir verändern sich je nach Jahreszeit. So kann ein Couloir, das im Juli normalerweise eine Todesfalle ist, im September einen sicheren und genußreichen Anstieg bieten. In den großen Eisgullies der Sierra Nevada gibt es während der herbstlichen Klettersaison keinen Steinschlag.

Auf den Bergen in Äquatornähe erzeugen die starke Sonneneinstrahlung und die bitterkalten Nächte riesige, zehn Meter lange Eiszapfen, die angsteinflößend von den Rändern der Überhänge herunterhängen. Diese Eiszapfen scheinen meistens abzubrechen, kurz bevor es hell wird. Sie müssen deshalb am brüchigsten sein, wenn die Nacht am kältesten ist.

Schneehänge

Benötigt man wegen des Steinschlags in Gullies eine richtige Zeiteinteilung, ist diese in Schneehängen deshalb wichtig, weil die Schneeverhältnisse sich dramatisch verändern können. Die in der Morgendämmerung noch knirschende Schneekruste kann sich am späten Vormittag in eine Matschschicht verwandelt haben und kurz darauf als Lawine abgehen. Ich erinnere mich, daß wir einmal die Argentière Hütte um ein Uhr nachts verließen, um die Nordwand der Aiguille Verte zu klettern. Wir waren kurz nach Anbruch der Dämmerung auf dem Gipfel und stiegen über das Whymper Couloir ab, bevor auch nur die geringste Möglichkeit bestand, daß dort von der heißen Sonne eine Lawine ausgelöst werden könnte. Nach zehn Uhr vormittags ist das Whymper Couloir oft zu gefährlich für einen Abstieg; danach bleibt nur noch der lange, anstrengende, kombinierte Abstieg über den Grande Rocheuse-Pfeiler. Ein früher Aufbruch ist nicht nur wichtig, um gute Verhältnisse im Aufstieg vorzufinden, sondern ebenfalls für den Abstieg. Dadurch kann man das nachmittägliche Gewitter, das so typisch für das Hochgebirge ist, vermeiden. Die beste Zeit, um das Wetter des Tages zu beurteilen und vorherzusagen, ist um drei Uhr morgens. Zu dieser Zeit befinden sich auch die alten Führer vor der Hütte und prüfen die Temperatur, die Klarheit der Sterne und den Wind. Ein bewölkter Himmel kann die Hitze der Erdoberfläche wie eine Decke halten und damit das Gefrieren des Schnees unwahrscheinlicher machen. Deshalb bezeichnet man in den Alpen gutes Wetter mit „kalt und klar". Die meisten der großen, alpinen Schneeanstiege werden im Juni oder Juli, wenn die Wände mit gefrorenem Firnschnee bedeckt sind, gemacht. Dieser besitzt dann genau die richtige Härte, um die Steigeisen voll eindringen zu lassen und die schnelle französische Technik anzuwenden. Im August zeigen die Wände viel Blankeis, weshalb man oft von „schlechten Verhältnissen" spricht. Mit moderner Ausrüstung und richtiger Technik braucht dies jedoch nicht mehr der Fall zu sein. Oft ist es sogar besser, diese Routen in vereistem Zustand zu gehen. Das Klettern ist viel interessanter, die Sicherungen sitzen bombensicher, und es besteht keine Lawinengefahr. September und Oktober sind in den Alpen oft die besten Monate für Schnee-, Eis- oder kombinierte Touren. Einmal habe ich in Chamonix während des ganzen Oktobers und den halben November hindurch perfektes Wetter erlebt – kalte, klare Tage mit steinhartem Schnee, keinem Steinschlag und keine Touristen – nichts als die tiefe Einsamkeit der in der herbstlichen Stille erstarrten Bergriesen.

*Im Diamond Couloir, Mount Kenia.
Foto Tom Frost.*

Gletscher

In den Alpen gehen viele Bergsteiger und Träger mit schweren Lasten unangeseilt über schneebedeckte Gletscher. Der angehende Bergsteiger ist versucht, es ihnen gleichzutun. Obwohl ein gut ausgetretener Pfad vorhanden sein mag, bleibt doch die Tatsache bestehen, daß diese Leute über potentiell gefährliche Löcher spazieren. Man muß nur einmal später zurückkommen, um all die gähnenden Spalten zu sehen, wo vor einer Woche noch ein glatter Schneehang war, um zu erkennen, wie dumm es ist, unangeseilt über einen schneebedeckten Gletscher zu gehen. Erfahrene Gletschergeher können sich auf Grund ihrer Erfahrung einiges leisten. Oft besitzen sie einen sechsten Sinn dafür, den richtigen Weg zu finden und verborgenen Spalten aus dem Weg zu gehen. Der Anfänger jedoch muß sich einen größeren Spielraum für Fehleinschätzungen der Verhältnisse einräumen, denn schließlich wartet da unten eine eisblaue Ewigkeit auf ihn, wenn er sich verschätzt hat. Wesentlich einfacher ist es, auf einem aperen Gletscher, wo nichts vom Schnee verdeckt wird, zurechtzukommen.

Im allgemeinen gibt es in der Mitte eines Gletschers die wenigsten Spalten. Macht der Gletscher eine Biegung, wird der äußere Rand wesentlich spaltenreicher sein als der innere. Der Weg einer angeseilten Gruppe sollte immer im rechten Winkel zu der allgemeinen

Der Yentna Gletscher und Great Icefall, der vom Russell Plateau, Alaska, herunterkommt. Foto Bradford Washburn.

152

Spaltenrichtung verlaufen. Man sollte aber nicht vergessen, daß es immerhin möglich ist, daß sich die gesamte Seilschaft gleichzeitig über einer breiten Spalte befinden kann. Das Sondieren mit dem Pickel nach versteckten Spalten (auch ein Fall, der gegen zu kurze Pickel spricht) ist nur in dem Maße von Nutzen, in dem der Bergsteiger Erfahrung hat, d. h. wenn er die Fähigkeit besitzt, wechselnde Widerstände in der Schneedecke zu spüren und richtig interpretieren zu können.

Es ist lebenswichtig, daß nicht alle Mitglieder einer Seilschaft in die gleiche Spalte stürzen. Trotzdem sieht man immer wieder, daß sich eine Gruppe während einer Rast auf einem kleinen Platz zusammenfindet. Man sollte dies nur tun, wenn man ganz sicher ist, daß hier keine Spalte existiert. Deshalb ziehe ich es vor, den Rastplatz genau an die Kante einer offenen Spalte zu legen, wo jeder die offensichtliche Gefahr genau erkennen kann.

Auf einem Gletscher in der Cordilliera Vilcabamba, Peru. Foto George Bell.

Der Ski verteilt das Gewicht gleichmäßiger über Schneebrücken und seine Benutzung erlaubt uns, sonst gefährliche Gletscher in relativer Sicherheit zu überqueren. In einem der nachfolgenden Kapitel wird deshalb der Ski noch einmal näher behandelt.

Eine Schneebrücke, die am Morgen hart gefroren und sicher ist, kann am Nachmittag unpassierbar sein. Deshalb muß man die Route zeitlich richtig planen, um nicht in einer Mausefalle, aus der man nicht mehr herauskommt, zu enden. Schwächere Brücken kann man kriechend überqueren, um so das Gewicht gleichmäßiger zu verteilen. Bevor man über eine Spalte springt, sollte man bedenken, daß die Ränder aus überhängendem Schnee bestehen können, die durch die Wucht des Aufsprungs zusammenbrechen können. Manchmal kann ein Abrollen auf der anderen Seite nützlich sein, oder man springt auf der anderen Seite auf, indem man den Pickel in *„piolet ancre"* Stellung (Ankerpickel) hält.

Die Stabilität von Séracs (riesige Eistürme, die man normalerweise in einem Eisbruch findet) hängt hauptsächlich von der Gletscherbewegung ab und wird weniger von Wärme oder Witterung beeinflußt. Deshalb können sie zu jeder Tages- und Nachtzeit einstürzen. Diese einstürzenden Eiswände fordern im Himalayabergsteigen die meisten Todesopfer. Manche Bergsteiger gehen in dieses Gebirge mit einer nur an alpinen Verhältnissen geschulten Vorstellungskraft. Deshalb sind sie sich oft nicht bewußt, daß der kleine überhängende Sérac eine Meile über ihren Köpfen in Wirklichkeit eine riesige überhängende Wand ist. Dieses hoch oben thronende Eis ist nicht nur in der Lage, ein ganzes Basislager wegzuräumen, sondern kann auch in einem lawinösen Hang eine Lawine auslösen, die über Kilometer hinweg den Berg herunterkommen und sogar an der gegenüberliegenden Talseite noch Hunderte von Metern hochsteigen kann.

153

Spaltenbergung

Wie weiter oben besprochen, sind auf aperen Gletschern die Spalten klar erkennbar, und es ist deshalb nicht notwendig, das Seil zu benutzen. Deshalb bezieht sich die folgende Besprechung der Spaltenbergung nur auf schneebedeckte Gletscher.

So wie jeder Felskletterer irgendwann einmal stürzt, so wird fast jeder, der sich in alpinem Gelände bewegt, früher oder später einmal in eine Gletscherspalte fallen. Die gefährlichsten von ihnen sind die versteckten, die sich unter einer anscheinend festen Oberfläche verbergen.

Für Gletscherüberquerungen gibt es fünf grundsätzliche Sicherheitsregeln:

1. Benutze immer das Seil. 2. Der Sichernde muß in der Lage sein, das Seil nach dem Sturz zu verankern. 3. Der Gestürzte muß darauf vorbereitet sein, sich selbst aus der Spalte zu befreien. 4. Der Sichernde muß in der Lage sein, dem Gestürzten entweder das andere Seilende oder ein anderes Seil hinunterzulassen. 5. Der Sichernde muß wissen, wie er ein bewußtloses Opfer herausziehen kann. Bei einer typischen Gletscherüberquerung können alle diese Regeln zur Anwendung kommen. Deshalb werden sie nachfolgend in all ihren Einzelheiten erläutert.

Auf einem Gletscher seilt man sich in gleicher Weise an, wie es schon für das Gehen im Schnee empfohlen wurde. Man bindet das Seilende in den Bauchgurt oder den Brust- und Sitzgurt ein. Jeder nimmt dann einige kleine Schlingen auf, bei zwei Personen ungefähr ein Drittel der Seillänge pro Mann★. Die Schlingen sollten groß genug sein, um über die Schulter zu gehen und schräg zur Körpermitte herunterzuhängen. Die Schlingen werden mittels eines Bulinknotens, der über alle Schlingen und durch den Brust- und Sitzgurt gelegt wird, abgebunden. Zwischen den Partnern sollten zehn Meter Seil liegen. (Man darf nicht vergessen, daß auch Spalten mit einer Breite von mehr als zehn Metern vorkommen können!) Eine Dreierseilschaft ist sicherer als eine Zweierseilschaft. Jede Person mehr an der Oberfläche kann in der Tat lebenswichtig sein, um ein bewußtloses Opfer hochzuhieven. Bei drei Seilpartnern seilt man am besten mit zwei Seilen an, um sicherzustellen, daß man genügend freies Seil übrig hat, um dem zu helfen, der in die Spalte gestürzt ist.

Jeder sollte entweder zwei oder drei Prusikschlingen mitführen. Diese werden aus einer etwa zweieinhalb Meter langen, fünf Millimeter starken Reepschnurschlinge hergestellt. Mit Prusikknoten

---

werden die Schlingen knapp vor dem Klettergeschirr in das Seil
eingebunden. Die losen Enden, jedes mit einer Fußschlaufe verse-
hen, werden in den Taschen verstaut, um sie aus dem Weg zu haben.
Man kann die Prusikschlingen auch sehr klein halten und, falls
notwendig, später Strickleitern in sie einhängen. Die verbleibende
dritte Schlinge ist für die Brust bestimmt. Sie kann das Prusiken im
überhängenden Eis sehr erleichtern. Man läßt diese Schlinge entweder in der Tasche, oder man bindet sie in spaltenreichem Gelände und
wenn man einen Riesenrucksack trägt, vor die Fußprusikschlingen
und windet sie dann um den Brustkorb. Sieht man davon ab, eine
Brustprusikschlinge zu benutzen, muß man die Fußschlingen zwischen Klettergeschirr und Körper durchführen. Damit verhindert
man, daß man beim freien Hängen in der Luft nach hinten fällt. Der
Rucksack wird über allem getragen, und falls er schwer ist, sollte
man ein Seilstück an ihm befestigen, dessen anderes Ende man am
Klettergeschirr einhängt. Nun kann man, falls es notwendig sein
sollte, den Rucksack baumeln zu lassen.

Eine gute Regel, um angeseilt über einen Gletscher zu gehen heißt:
„Halte das Seil trocken". Dies bedeutet, das Seil so gespannt wie
möglich zu halten. Ein gut gehaltener Spaltensturz an einem einigermaßen gespannten Seil wird nur eine Zugstemme erfordern, um
wieder aus der Spalte herauszukommen. Schlingen, die in der Hand
gehalten werden, erhöhen die Seillänge zwischen den Partnern und
verlängern so logischerweise die Sturzhöhe. Deshalb sollte der Seilzweite nur zwei oder drei kleine Schlingen halten – gerade genug, um
die Seilschaft reibungslos gehen zu lassen und um ihm Zeit zu geben,
sich im Falle eines Sturzes des Vorangehenden abstützen zu können.
Verschwindet plötzlich jemand, müssen die Seilkameraden an der
Oberfläche sofort zu Sichernden werden. Die naheliegende Furcht,
umgerissen und mit dem gestürzten Partner in die Spalte gezogen zu
werden, wird oft überschätzt. Auf einem aperen Gletscher könnte
dies sicherlich leicht passieren, jedoch ist gerade dieser Fall sehr
unwahrscheinlich, da auf einem aperen Gletscher Spalten ja klar
erkennbar sind. Die Gefahr, in eine Gletscherspalte zu fallen, ist
wesentlich größer, wenn der Gletscher von Schnee bedeckt ist; von
Schnee, der seine Oberfläche verwischt und seine Spalten verbirgt.
Die Unsicherheit darüber, ob er über schneebedecktes Eis oder
schneebedeckte Luft marschiert, hält zwar den Führenden ständig in
Atem und Aufregung, gerade dieser Umstand garantiert aber dem
Seilzweiten in Wirklichkeit, daß er einen Sturz halten kann, wenn er
das Seil entsprechend straff gespannt hält. Fällt der Vorangehende,
wird das Seil über den Spaltenrand gezogen und gräbt sich dabei tief
ein. Der Schnee absorbiert einen Großteil der Sturzenergie. Wichtig
ist, daß das Seil straff gehalten wird. Dies ist jedoch nicht so einfach
wie es klingt, da bei Gletscherüberquerungen oft Schwierigkeiten in

*Verkürztes Seil mit Bulinknoten und
angebrachten Prusikschlingen.*

der Routenwahl auftreten und deshalb viel hin und hergegangen werden muß. Dünne Schneebrücken oder fragwürdige Sprünge können mit Hilfe einer schnellen „Stiefel-Pickel" Sicherung abgesichert werden.

Baumelt der Führer in der Spalte, wird er sich sicher wünschen, vorsichtiger mit seinem Pickel sondiert zu haben. Da sein Rucksack ihn entweder nach hinten zieht oder ihn sogar auf den Kopf gestellt hat, wird er zuerst einmal instinktiv versuchen, ihn loszuwerden. Nachdem er geprüft hat, daß der Rucksack eingehängt ist, schlüpft er aus den Trägern heraus. Dies verlagert seinen Schwerpunkt nach unten, sodaß er nunmehr zumindest aufrecht hängt. Nun nimmt er die obere Prusikschlinge heraus und „sitzt" in ihr wie in einer Trittleiter. Solange man einen schweren Rucksack trägt, ist es schwierig, auch nur eine einzige Bewegung zu machen, während man am Ende eines Seiles baumelt. Deshalb kann es sich als besser erweisen, sich zuerst in die Prusikschlinge zu setzen und dann den Rucksack abzunehmen. Wenn der Rucksack sehr schwer ist, kann es notwendig sein, ihn in das Seilende einzubinden, um ihn später hochzuziehen. Oder er kann an einem zusätzlichen Seil, das der Sichernde herunterwirft, hochgezogen werden.

Der Sichernde hat in der Zwischenzeit seine eigenen Prusikschlingen dazu benützt, das Seil an seinem Pickel, einer Eisschraube, Eisbirne oder etwas Ähnlichem zu verankern. Hat er seine Arme frei bekommen, kann er seine Seilschlingen abnehmen und dem gestürzten Seilpartner, der sich dadurch an zwei Seilen ohne das ständige, lästige Drehen hochprusiken kann, zuwerfen. In jedem Falle wird der gestürzte Bergsteiger das zusätzliche Seil benötigen, um über den

Spaltenrand hinauszukommen, da das Seil, an dem er hängt, sich ja tief in den Schnee eingegraben hat. Beim zweiten Seil verhindert dies der Sichernde, indem er den Spaltenrand an der Stelle, über die das Seil läuft, mit einem Pickelstiel oder Rucksack unterlegt. Fußschlingen, die in das Seilende eingeknotet werden, können in manchen Situationen nützlich sein. In der Zwischenzeit fährt der in die Spalte gefallene Bergsteiger fort, sich an beiden Seilen hochzuprusiken, indem er immer in einem Seil steht, während er den Prusikknoten am anderen Seil höher schiebt.

Ist ein zusätzliches Seil oder freies Seilende nicht greifbar, muß sich die gestürzte Person bis zum Spaltenrand hochprusiken, wo das Seil in einer tiefen Furche verschwindet. Zu diesem Zeitpunkt hat der Kletterer wahrscheinlich ein gutes Stück freies Seil hinter sich baumeln. Nunmehr kann der Kletterer sich unterhalb des Prusikknotens noch einmal ins Seil einbinden, die ursprüngliche Einbindung lösen und das freie Seilende über den Spaltenrand werfen.

Die bisher beschriebene Situation geht von den schlimmstmöglichen Voraussetzungen aus: ein freies Hängen am Seilende. Natürlich ist dies nicht immer der Fall. Deshalb sollte man sich, bevor man blindlings mit allen möglichen Seiltricks seine Befreiung sucht, umschauen und das bergsteigerische Problem, in das man da hineingeschlittert ist, genauer überdenken. Handelt es sich um eine enge Spalte? Ein Hochstemmen mit Hilfe der Steigeisen wird dann ziemlich einfach sein. Ist die Spaltenwand nicht gerade senkrecht, könnte es möglich sein, mit Zug von oben mit den Frontalzacken hochzusteigen. Vielleicht befindet sich unterhalb eine tragfähige Schneebrücke oder ein Eisschild. Dann sollte man sich darauf absenken lassen. Dann kann man seine Situation einschätzen, ohne daß die Rippen ständig eingeschnürt sind. Kann man vielleicht an einem Ende der Spalte hinaussteigen? Oder zu einem engeren Abschnitt queren und sich hochstemmen? Vielleicht existiert sogar eine Seitenspalte mit einem Ausgang? Einfallsreichtum kann hier eine Menge Aufwand ersparen und vielleicht vermeiden, daß man das lästige, langsame Drehen beim Hochprusiken am Seil ertragen muß. Natürlich beruhen alle diese Methoden auf der Tatsache, daß sich die gestürzte Person selbst befreien kann. Sollte sie jedoch schwer verletzt oder bewußtlos sein, so werden die Rettungsmaßnahmen, besonders für eine Zweierseilschaft, wesentlich schwieriger und ernster. Nachdem er das Seil abgebunden hat, muß der Sichernde zuerst darauf achten, daß sein Freund nicht von seinem Bauchgurt, der eng um Rippen und Magen liegt, erstickt wird. Vielleicht muß er sogar selbst absteigen, um eine Sitzschlinge zu konstruieren, was durch etwas Vorbedacht hätte verhindert werden können. Deshalb sollte man sich, bevor man eine Gletscherüberquerung beginnt, solche Sitzschlingen zurechtlegen. Dazu legt man die Bandschlinge in einen „Achter" und steckt in jede Schlaufe ein Bein. Das Seil bindet man sowohl in die Sitzschlinge als auch in den Bauchgurt ein. Jedesmal, wenn man einen gefährlichen Gletscher überquert, sollte man sich auf diese Weise sichern. Im Falle eines Sturzes nehmen diese Sitzschlingen einen großen Teil der Belastung auf, und das Strangulierungsproblem wird vermindert.* Für eine Zweierseilschaft ist es auf einem gefährlichen Gletscher von Vorteil, alle Prusik- und Sitzschlingen angebracht zu haben und vielleicht mit einem Doppelseil angeseilt zu sein.

Um einen bewußtlosen Menschen aus einer Spalte zu ziehen, steht eine ganze Reihe von vernünftigen, naheliegenden Methoden zur Verfügung, die alle den mechanischen Vorteil von Seilrollen, Prusikschlingen oder Jümarbügeln ausnützen. Das große Problem, das dabei auftritt, liegt meist an der unwahrscheinlich hohen Reibung, die zwischen dem nassen Seil und dem Schnee oder Eis entsteht. Ganz gleich, auf welch ausgeklügeltes System auch immer man zurückgreifen mag, es ist zum Scheitern verurteilt, wenn man nicht vorher den Rand der Spalte gut mit harten Gegenständen ausgelegt hat.

Ist man einmal angeseilt und in der Lage, alle Rettungsmaßnahmen durchführen zu können, so ist man ausreichend vorbereitet, um die subtileren Feinheiten des Gletschergehens mit ausreichender Sicherheit zu erforschen. Das heißt, man kann einen Gletscher begehen, ohne daß man einer seiner Spalten einen Besuch abstatten muß. Man lernt, feine Unterschiede in der Schneedecke, die eine darunterliegende Spalte verraten, zu erkennen. Darüberhinaus wird man einen guten Überblick von einem nahegelegenen, höheren Punkt zu schätzen wissen und eine sichere Spur, an die man sich dann auch hält, planen können. Mit der Zeit kann man an Hand einer Karte oder auf Grund der Erfahrungen im Nachbartal die Verhältnisse auf einem Gletscher einschätzen. Verbessert man seine Seilhandhabung ständig, wird man besser in der Lage sein, den Irrgarten eines Spaltenfeldes schnell und sicher durchqueren können.

Schnelligkeit und Sicherheit

Die „Regeln" und Vorschläge, die bisher in diesem Kapitel gemacht wurden, sind für die allgemeine Sicherheit sehr wichtig. Dennoch gibt es einen anderen Faktor, der genauso wichtig ist: Schnelligkeit. Auf den ersten Blick mag dies als ein Widerspruch erscheinen, da

---

* Anmerkung des Übersetzers: *Diese Vorkehrung ist nicht zu treffen, wenn man die bei uns üblichen Kombinationen aus Brust- und Sitzgurt trägt, da hier von vorneherein Beinschlingen vorhanden sind.*

man sich immer diejenigen geduldigen Bergsteiger als die sichersten vorstellt, die ständig jeden Schritt und jede Bewegung sichern. In einem anderen Lebensbereich, z. B. beim Autofahren, wird Schnelligkeit oft gleichbedeutend mit Rücksichtslosigkeit und Leichtsinn gebrandmarkt. Wie kann nun der Bergsteiger, der schnell sein möchte, verhindern, daß er ebenfalls dieses Brandmal aufgesetzt bekommt?

Die Berge sind gefährlich, und je schneller und dynamischer man sich unter gefährlichen Bedingungen bewegt, um so sicherer wird man sein. Je langsamer eine Seilschaft geht, um so anfälliger wird sie sowohl für die vorhersehbaren als auch für die zufällig eintretenden Gefahren des Berges und der Witterung sein. Der beste Schutz vor den alpinen Gefahren, besser als Steinschlaghelme, Walky-Talkys, Daunenausrüstung oder die „10 Verhaltensgrundregeln", besteht darin, den Berg hinauf und wieder herunter zu sein, bevor der Berg zuschlägt.

Für britische oder amerikanische Kletterer ist es schwierig, wenn sie zum ersten Mal in die Alpen kommen, die Hast und Eile zu verstehen, die all die hitzköpfigen, einheimischen Kletterer an den Tag legen. Sind sie aber dann ein paarmal knapp einer Gefahr entronnen, wird auch für sie die Maxime „Schnelligkeit ist gleich Sicherheit" gültig sein.

Um in den Bergen schnell voranzukommen, muß man körperlich fit und gut akklimatisiert sein, sicher Weg und Route finden können, sich wirksamer Seilmanöver bedienen, leichte Rucksäcke tragen und technische Schwierigkeiten effizient lösen können. Grundsätzlich kommt es darauf an, daß man erfahren und fit ist und den Willen hat, seine Leistungsgrenze zu erweitern.

Sich schnell und nur leicht beladen in den Bergen zu bewegen, kann auch sehr viel Spaß machen. Wenn der Mensch Freude daran empfindet, um eine ovale Rennstrecke zu laufen, über Hürden zu springen oder durch die Wälder zu laufen, dann sind vielleicht die Berge mit ihrem abwechslungsreichen Gelände, mit ihren natürlichen Problemen und reinen Schwierigkeiten der ideale Platz, um die rein körperliche Freude an der Bewegung zu erfahren. Der Mensch wurde nicht geschaffen, um sein Heim auf dem Rücken zu tragen oder sich im Schneckentempo zu bewegen – er erfreut sich daran, dynamisch zu sein.

Nachfolgend habe ich einige Ratschläge aufgeführt, die dazu beitragen können, die Schnelligkeit zu erhöhen, wenn man im verschneiten Gebirge geht. Erspart jeder von ihnen nur ein paar Minuten, so summiert sich das über einen langen Bergtag hinweg auf Stunden.

Sich Gefahren auszusetzen, ist nicht der Zweck des Spiels, doch gehören sie nun einmal dazu. Nur lange Erfahrung, eine Fülle von Beobachtungen, die nicht nur in der Erinnerung, sondern auch im Unterbewußtsein aufgespeichert werden, gestatten es manchen Bergsteigern, eine Art Instinkt auszubilden. Sie vermögen dadurch nicht nur rechtzeitig die Gefahr zu entdecken, sondern vor allem auch das Ausmaß der Bedrohung abzuschätzen.

– Lionel Terray
Vor den Toren des Himmels

1. Treibe dich selbst an: Nimm dir vor, schneller zu gehen.

2. Bereite dich durch Training körperlich gut vor. Bleibe auch während Schlechtwetterperioden auf großer Höhe, um akklimatisiert zu bleiben.

3. Studiere die örtlichen Wetterverhältnisse, um nicht von Schlechtwettereinbrüchen festgenagelt zu werden.

4. Präge dir die Aufstiegs- und Abstiegsrouten so gut ein, daß du das Führerhandbuch zu Hause lassen kannst. Studiere einen spaltenreichen Gletscher von einem erhöhten Standpunkt aus und mache dir einen Zeitplan für die Route.

5. Ein früher Aufbruch verhindert, daß man eine Seilschaft vor sich hat, in die nachmittägliche Lawine gerät, vom unvermeidlichen Gewitter überrascht wird, weiche Schneebrücken überqueren muß, auf angeschwollene Flüsse trifft und im Abendfrost einen Hang mit Steigeisen absteigen muß, den man eine Stunde zuvor noch leicht hätte abfahren können.

6. Wähle ein gleichmäßiges Tempo, das man ohne anhalten zu müssen und ohne zu schwitzen stundenlang beibehalten kann.

7. Der stärkste Partner soll die ganze Tour über führen.

8. Esse und trinke regelmäßig, um die Kraftreserven zu erhalten. Es ist besser, Tee oder Suppe in einer Thermosflasche mitzuführen als unterwegs etwas kochen zu müssen.

9. Nimm nur leichtes Gepäck mit und lasse alles Unnötige zu Hause. Denke daran, wer Biwakausrüstung mitnimmt, wird auch biwakieren.

10. Packe den Rucksack so, daß die Dinge, die am wahrscheinlichsten und häufigsten gebraucht werden, leicht erreichbar sind.

11. Benutze im Eis besonders lange Seile, um die Zahl der Standplätze zu reduzieren.

12. Trage keine allzu komplizierten Klettergürtel, die beim An- und Ablegen von Kleidungsstücken langwieriges Ein- und Ausbinden erfordern.

13. Verwende Klemmkeile und natürliche Sicherungsmöglichkeiten an Stelle von Haken. Verwende Eis- oder Schneebirnen an Stelle von Firnankern und Eishaken.

14. Benutze einen 70 Zentimeter Pickel an Stelle eines 50 Zentimeter Pickels.

15. Überlege dir zweimal, bevor du Steigeisen anlegst, um eine kleine Strecke zu gehen. Das Schlagen einiger Stufen könnte eventuell schneller sein.

S.161 Die vierte Seillänge am Repentance, Cathedral Ledge, New Hampshire. Foto Henry Barber.

S. 162 Hoch oben am Cerro Torre, Patagonien, Foto Dave Carman.

S. 163 Der Autor am Mount Kenia. Foto Tom Frost

S. 164 Klettern in kombiniertem Gelände, Neuengland. Foto Dale Bard.

S. 165 Der 275 Meter hohe Vettisfossen Wasserfall, Norwegen. Foto Henry Barber.

S. 166 John Cunningham im Bosson Gletscher, Chamonix, Frankreich.

S. 167 Fred Wright auf dem Südostgrat des Mount MicKinley, Alaska. Foto Peter Lev.

S. 168 Der Autor und John Cunningham unterhalb des Gipfels des Ben Nevis. Foto Paul Braithwaite.

16. Versuche die Steigeisen in zwei oder drei Minuten anzulegen. Verstaue sie an einem passenden Platz und lasse die Zackenschützer zu Hause.

17. Achte darauf, daß deine Hämmer, Pickel und Steigeisenzacken immer scharf sind.

18. Lerne, mit Steigeisen so schnell wie möglich gefährliche Lawinenbahnen oder steinschlaggefährdete Gullies zu überqueren. Die schnellste Methode ist dem Laufen auf allen Vieren sehr ähnlich. Hierzu benutzt man zwei Pickel oder andere Geräte in *„piolet panne"* Technik (Stütztechnik) und „krabbelt" über den Hang.

19. Stehst du als Seilzweiter wirklich unter Zeitdruck, gehe eine Eispassage auf Zug von oben ohne Verwendung der Hände nach. Oder benutze das Seil als Geländer.

20. Folgst du einem Vorangehenden in Stufen nach, dann ramme den Pickel nicht zur Selbstsicherung ein. Verlasse dich lieber auf dein Gleichgewichtsgefühl und benutze die anderen Stufen als Griffe für die Hände.

21. Vermeide es, lange Stufenleitern zu schlagen.

22. Wende die *„piolet traction"* Technik (Zugtechnik) nicht an, wenn sie nicht unbedingt erforderlich ist, und wenn man nur mit dem Pickel auskommt. Versuche, eine Eispassage ähnlich wie eine Felspassage zu gehen, nur mit den Steigeisen, wobei die Hände am Eis aufliegen.

23. Gehe Schneeanstiege allein nur mit dem Pickel als Selbstsicherung. In schwierigen Routen seile dich an, aber gehe gleichzeitig mit deinem Partner. Halte und sichere nur, wenn es absolut notwendig ist. Vermeide Dreierseilschaften.

24. Studiere im Winter die Scheeverhältnisse, sodaß du immer auf solidem Untergrund gehst.

25. Im Abstieg wird nur abgeseilt, wenn es absolut notwendig ist.

26. Wann immer möglich, steige mit dem Rücken zur Wand ab. Nur wenn es wirklich steil wird, sollte man sich seitwärts drehen. Mit dem Gesicht zum Hang absteigen, darf nur ein letzter Notbehelf sein.

27. Lerne, die Abfahrtstechnik hervorragend zu beherrschen. Man braucht nur ein paar Minuten, um einen 500 Meter langen Hang abzufahren. Muß man ihn hinunterstapfen, dauert es eine halbe Stunde.

Foto Ruedi Homberger

Ich fragte ihn nach dem Seil, und er sagte: „Du hast es." Nun, ich hatte es nicht, und wir wollten auch nicht den ganzen Weg zur Hütte zurückgehen, um es zu holen. So beschlossen wir, ins Kar abzusteigen und am Hell's Lum einige Anstiege im Schwierigkeitsgrad III★ solo zu gehen. Über das Plateau fegte ein Schneesturm, aber weiter unten schneite es nicht mehr. Ab und zu riß der Himmel sogar auf. Auf unserer Wollbekleidung bildeten sich Eiskristalle, und unsere Augenbrauen und die Haare in den Nasenlöchern waren mit einer Eisschicht überzogen; es war eben ein typischer Tag in den Cairngorms in Schottland.

Doug Tompkins ging voraus und querte mit seinen Steigeisen gerade einen beinharten Preßschneehang. Urplötzlich krampfte sich mir der Magen zusammen, wie sich der Schwanz eines Pudels beim Anblick einer Bulldogge einzieht, und ich sagte zu Doug: „He du, dieser Schnee fühlt sich wirklich komisch an. Laß uns..." Pop! Und weg waren wir. Eine meterdicke Platte war gerade unter unseren Füßen abgebrochen, und wir hingen nun beide an unseren Eispickeln, die wir glücklicherweise hoch eingerammt hatten.

Etwas später an diesem Tag beobachteten wir, wie ein Schüler aus John Cunninghams Klettergruppe seinen Rucksack verlor. Er rollte den ganzen Hang hinunter bis fast zum Shelter Stone. Johnny sagte ihm, er solle bis hinüber zur Südseite queren und dort absteigen, um den Rucksack zu holen. Aber er ging nicht weit genug, und wir sahen ihm zu, wie er ein Prachtstück von einer Lawine lostrat. Die riesigen Schneemassen wälzten und malmten sich den Hang hinunter, aber es gelang ihm, sich die ganze Zeit oben zu halten. Glück gehabt, der Kerl! Eine andere hautnahe Erfahrung mit Lawinen machte ich einmal in Schottland am Ben Nevis. Wir filmten gerade am Fuße der Comb Buttress, und der Schnee schien, obwohl das Tauwetter schon in vollem Gange war, nicht allzugefährlich zu sein. Ich war angeseilt und stand nur so herum, als ich aus den Augenwinkeln sah, wie Cunningham und MacInnes plötzlich ihre Beine unter die Arme nahmen; fast im gleichen Moment wurde ich von einigen Schneebrocken getroffen. Da ich der Meinung war, daß es sich nur um Eisschlag handeln konnte, hatte ich mich nur niedergebückt, um meinen Kopf zu schützen, als mich die Naßschneelawine voll traf. Die anderen erzählten mir, daß ich eine Menge Purzelbäume schlug, bevor ich auf meinem Rücken zu liegen kam. Das Seil hatte sich um meine Füße geschlungen und alles, was ich tun konnte, war, auf dem Rücken liegend zu strampeln, bis ich mich zur Seite hinausgearbeitet hatte. Überall lagen Ausrüstungsgegenstände verstreut und dem 20 Kilogramm schweren Stativ, neben dem ich gestanden hatte, waren alle Beine regelrecht abgerissen worden. Was war geschehen? Eine Wächte war abgebrochen und hatte das Number Two Gully ins Rutschen gebracht.

★ Anmerkung des Übersetzers: *Die in den USA und Großbritannien gebräuchliche 5-gradige Schwierigkeitsskala für Eisanstiege ist im deutschsprachigen Raum weitgehend unbekannt und unüblich.*

8
Lawinen

Das Gelände

Schätzt ein Skifahrer einen Hang als gefährlich ein, kann er ihn meiden. Ein Bergsteiger jedoch, der sich einem offensichtlich lawinösen Hang gegenüber sieht, kann trotzdem gezwungen sein, ihn zu bewältigen.

Man stelle sich beispielsweise vor, in einem geschlossenen Talkessel zu sein, den man verlassen muß. Auch wenn man annimmt, daß überall Lawinengefahr herrscht, bedeutet dies nicht, daß man die Kontrolle über sein Schicksal gänzlich aufgeben muß. Man kann viele Vorsichtsmaßnahmen ergreifen, um sein „Glück" zu maximieren.

Sieht man sich einem möglicherweise gefährlichen Hang gegenüber, hält man zuerst einmal an; man fragt sich nicht nur, ob er abgehen wird, sondern auch, was geschieht, wenn er abgeht. Da man die Wahl hat, über verschiedene Hänge oder Wände den Talkessel zu verlassen, muß man sich entscheiden, welcher von ihnen der sicherste ist. Man hält an, überlegt, schaut sich um und analysiert die Faktoren, die den einen Hang sicher und den anderen zu einer Todesfalle machen!

Zuerst betrachtet man das Gelände genau. Lawinen gehen am häufigsten auf Hängen zwischen 30 und 45 Grad Neigung ab. In steileren Hängen kann sich nicht viel Schnee ansammeln, da er meistens sofort abgeht. Bei sanfteren Hängen bedarf es einer größeren Belastung, um den inneren Zusammenhalt des Schnees zu sprengen. Vielleicht ist das 55 Grad Gully drüben an der Nordseite sicher. Oder gibt es möglicherweise einen Hang, der schon als Lawine abging und nun sicher ist. In den steilsten Hängen wird während eines Sturms alle paar Minuten eine Lawine abgehen, weshalb sich keine mächtige Schneedecke aufbauen kann. Schon so mancher Bergsteiger, der von einem Sturm in einem Gully unterhalb solch eines steilen Hanges überrascht wurde, ist entkommen, weil er nur in den Pausen zwischen den Schneerutschen, die mit der Regelmäßigkeit eines Uhrwerks abgingen, geklettert ist. Da Lawinen dazu neigen, sich ihren Weg durch vorhandene Couloirs und natürliche Gräben zu bahnen,

173

wirken diese wie ein Trichter, der abbrechende Wächten oder Eiszapfen sammelt und dadurch größere Lawinen auslösen kann.
Die großen, steilen Eiswände und Couloirs der Alpen oder Rocky
Mountains bestehen den ganzen Winter hindurch normalerweise aus
Wassereis, da der kalte und trockene Winterschnee immer sofort
abgleitet. Im Frühjahr jedoch oder während einer winterlichen Tau-
wetterperiode kann sich sogar in der steilsten Eiswand Schnee
ansammeln. Das ist auch der Grund dafür, warum sie im Frühsom-
mer meist Schneewände sind. Unter entsprechenden Bedingungen
kann sogar in einer Steilwand wie der Nordwand des Mount Robson
ein gefährliches Schneebrett entstehen. Der typische Ablauf wäre
folgender: 1. Die alte Schnee- oder Eisoberfläche wird aufgewärmt;
2. Es fällt relativ warmer Schnee, der gut auf der alten Oberfläche
haften bleibt; 3. Temperatur fällt, stoppt die Verfestigung der
Schneeschicht, die eine stabile Schneedecke ermöglichen würde;
4. Wind kommt auf; 5. Eine Erhöhung der Temperatur schwächt die
Verbindung zwischen den Schneeschichten.
Wenn möglich, sollte man zwischen den Bäumen bleiben. Normalerweise brechen in dichten Wäldern oder auf einem Hang, auf dem
Felsbrocken verstreut sind, kaum Lawinen an. Trotzdem kann der
einzige Grund, sich zwischen den Bäumen zu halten, der sein, daß
man auf dem Weg nach unten einen greifen kann! Deshalb achte man
auf verletzte Bäume und von früheren Schneerutschen abgebrochene
Baumwipfel und Äste. Man sollte sich nach einem Geröllhang oder
sonstigem rauhen Gelände, das der Schneedecke einen sicheren
Untergrund bieten kann, umsehen. Dies ist jedoch nur dann sinn-
voll, wenn die Schneedecke relativ stark, nicht allzu hoch ist, und
eine gute Verbindung zwischen den einzelnen Schneeschichten
besteht. Ist der Schnee instabil, meidet man Felsen und Bäume, da sie
ein falsches Sicherheitsgefühl vermitteln.
Je tiefer der Schnee ist, umso mehr werden die Unregelmäßigkeiten
des Geländes ausgeglichen, und umso glatter wird die Gleitfläche.
Eine Kenntnis des Geländes im Sommer ist deshalb unschätzbar. Die
Cairngorms in Schottland sind ein besonders lawinengefährliches
Gelände; die abgerundeten, grasigen Hügel bieten dem Schnee keine
gute Verbindung zum Untergrund. Ähnlich verhält es sich mit den
Hochalmen in den Alpen. Deshalb kann derjenige, der die Landschaft kennt, sich daran erinnern, wo nunmehr ein abgegangener
Felsrutsch oder ein Holzschlag den Schnee besonders gut festhält.
Auf Graten herrscht die geringste Lawinengefahr; in Tälern hält sie
sich in Grenzen; aber die größte Gefahr besteht im offenen Hang.
Unter gleichen Voraussetzungen wird ein konvexer Hang vor einem
konkaven Hang abgehen. Der Schnee tendiert dazu, in Senken, in
denen er zusammengepreßt wird, fester zu sein, als auf Buckeln, wo
er Zugspannungen unterworfen ist. Man vermeide Hänge, die in

Abstürzen enden oder nach unten hin steiler werden, weil hier ein
Schneerutsch an Geschwindigkeit zunehmen kann. Darüberhinaus
achte man darauf, daß sich keine Spalten oder Bergschründe unterhalb befinden, da schon ein kleiner Rutsch einen dort hineinbeför-
dern könnte.

Ursachen der Lawinengefahr

Die Schneedecke setzt sich aus Schichten verschiedenartigen Schnees
zusammen, der zu verschiedenen Zeiten gefallen ist. Jede dieser
Schichten besteht aus Kristallen mit unterschiedlicher Stabilität
zueinander, und die Verbindung der einzelnen Schichten ist verschieden stark. Hat man das Gelände und die Lage näher untersucht,
muß man sich deshalb als nächstes mit der Stärke und der Stabilität
jeder Schicht befassen.

80 Prozent aller Lawinen gehen schon während oder kurz nach dem Schneefall ab. Die Geschwindigkeit, mit der Neuschnee fällt, ist ein sehr wichtiger Faktor. Ein starker Schneefall, der sich über Tage hinzieht, muß nicht unbedingt gefährlich sein, weil sich der Schnee oft schneller setzt und festigt, als er sich anhäufen kann. Fallen drei oder mehr Zentimeter Schnee pro Stunde, so ist allgemeine Vorsicht geboten.

Die Art der Neuschneekristalle hat ebenso einen beträchtlichen Einfluß auf die zukünftige Stabilität der Schneedecke. Schnee, der sich bei extremen Temperaturen anlagert, ist sehr oft unstabil; bei extrem niedrigen Temperaturen bilden sich nadelförmige Kristalle (Wildschnee) und bei extrem hohen Temperaturen Eisgraupel. Neuschnee mit den klassischen *sternförmigen* Kristallen oder verzweigten *(dendritischen)* Kristallen wird eine ziemlich stabile Schneeschicht aufbauen aufgrund der Verbindung, die die Kristallfortsätze miteinander eingehen. Große sternförmige Kristalle bilden sich bei Temperaturen zwischen – 5 und – 8 Grad Celsius. Ein Schneekristall, das reifartig ist (gefiederte Kanten und Flächen) wird noch mehr Angriffsfläche für eine gute Verbindung aufweisen, und deshalb anfänglich eine stabile Schneedecke bilden. Aber nachdem sie längere Zeit nicht rutschen wird, können diese Kristalle eine dickere Schneeschicht und größere, potentiell gefährlichere Lawinen aufbauen.

Erfolgte der Neuschneefall mit verzweigten Kristallen *bei Windstille,* gibt es normalerweise keine Gefahr, egal wie steil der Hang oder wie tief die Neuschneeschicht ist, vorausgesetzt es fielen nicht mehr als drei Zentimeter Schnee pro Stunde.

Sobald der Niederschlag aufgehört hat, können die steilsten Hänge schneefrei sein, weil auf ihnen während des Schneefalls regelmäßig kleinere Schneerutsche abgegangen sind. Auch einige der nur etwas flacheren Hänge werden vielleicht abgegangen sein, möglicherweise in nur einem Rutsch, der aber dafür wesentlich größer war. Diese lockeren Schneerutsche (die auch aus weichen Schneebrettern bestehen können!), die sich von einem Auslösepunkt fächerförmig ausbreiten heißen *Lockerschneelawinen.* Man muß also in den noch etwas flacheren Hängen, in denjenigen, die noch nicht abgerutscht sind, besonders aufpassen. Es bedarf nur eines geringen Druckes, z.B. des Körpergewichts eines Menschen, um sie zum Abrutschen zu bringen.

Der Prozeß, bei dem die ursprüngliche Struktur der Neuschneekristalle allmählich eine rundere Form annimmt, heißt *abbauende Umwandlung.* Hierbei verursacht die Temperatur eine Verlagerung des Wasserdampfes durch *Sublimation* von den Spitzen der Kristallfortsätze zum Kern des Kristalls hin. Die Schwerkraft begünstigt die Verfestigung und das Setzen der Schneedecke. Obwohl durch die abbauende Umwandlung die ursprüngliche Bindung zwischen den einzelnen sternförmigen Schneekristallen zerstört wird, erhöht sich durch die Verfestigung die Stabilität der Schneedecke wesentlich, weil die einzelnen Kristalle näher aneinanderrücken und zusammengefrieren; dies erzeugt eine größere Stabilität als das bloße Verzacken der Kristallfortsätze. Weil bei säulenförmigen und plättchenförmigen Kristallen die Bindung zwischen den Kristallen sehr schwach ist, rutschen sie ab und erzeugen schon während oder kurz nach einem Schneefall Lawinen. Nach einem oder zwei Tagen werden dann außer den flachen Hängen alle abgegangen sein. Die Umwandlung und das Setzen des Schnees machen diese Hänge sehr stabil.

Die Temperatur übt einen großen Einfluß auf die Verfestigung der Schneedecke aus. Während sich an drei warmen Sommertagen ein halber Meter Neuschnee setzen kann, können drei oder vier klare, windstille, kalte Tage nur 25 Zentimeter Neuschnee als eine gefährlich labile Masse hinterlassen.

In einer Schneedecke aus leichtem, lockerem Neuschnee besitzen die Schneekristalle eine starke Bindung untereinander. Während einer langandauernden Kälteperiode wird diese Bindung durch den Umkristallisierungsprozeß, der sich durch das starke Temperaturgefälle zwischen Boden und Schneeoberfläche ergibt, zerstört. Diese *aufbauende Schneeumwandlung* erklärt, warum Pulverschnee oft nach nur wenigen kalten Tagen trockener und leichter ist als kurz nach dem Niederschlag. Eine Niederschlagsperiode, die bei niedrigen Temperaturen und mit trockenem Schnee anfing und dann bei höheren Temperaturen weiterging, wird sehr wahrscheinlich das Abgehen von Lawinen verursachen, weil der trockene Schnee weiter unten sich nicht mit der alten Schneeschicht verbindet, und der dichtere Schnee obendrauf eine unstabile, „kopflastige" Situation erzeugt.

Im Himalaya mit seinen großen Temperaturunterschieden zwischen Tag und Nacht und der intensiven Sonneneinstrahlung werden bei nahezu jedem Niederschlag Lawinen ausgelöst. Während einer Schlechtwetterperiode 1975 im Karakorum konnten wir zwei unterschiedliche Lawinenzyklen beobachten: Erfolgte der Niederschlag während der Nacht, gingen die Hänge ungefähr um neun oder zehn Uhr morgens, wenn die Sonne sie aufgewärmt hatte, ab; erfolgte der Niederschlag während des Tages, dann kamen die Lawinen nach Einsetzen des abendlichen Frosts. Eine richtige Zeiteinteilung ist deshalb in jenen Gebirgen für die Sicherheit ganz entscheidend.

Es gibt Möglichkeiten, die Festigkeit einer Schneedecke festzustellen, ohne unbedingt mit der Haubitze auf sie schießen zu müssen. Man kann auf den Hang springen (falls erforderlich mehrmals), um seine Festigkeit zu prüfen – dies sollte jedoch nur an einer sicheren Stelle geschehen! Eine der besten Lösungen besteht jedoch darin,

Oben, Graupel.
Unten, Tiefenreifkristalle, Eidgenössisches Institut für Lawinenforschung, Davos.

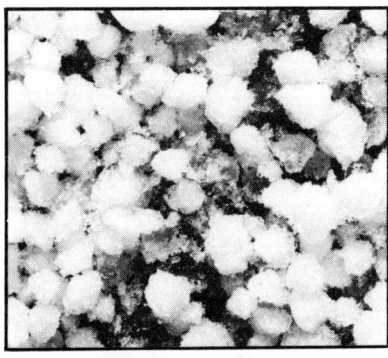

eine Grube auszuheben und in ihr die Stärke jeder Schicht und die Verbindung der Schichten untereinander und zum Boden zu prüfen *(Schneeprofil)*.

Es ist zwar sehr ermüdend und zeitraubend, ein Loch zu graben, aber dennoch wirksam und aufschlußreich. Eine Schaufel erleichtert die grobe Arbeit wesentlich, und mit einer kleinen Bürste kann man das Schichtenprofil besser hervorheben. Eine zehn- oder zwanzigfachvergrößernde Taschenlupe wäre ein zusätzliches, wertvolles Hilfsmittel. Mit ihr kann man nicht nur die Neuschneekristalle betrachten, sondern auch die Formen und Größen der älteren Schneekristalle in den unteren Schneeschichten kontrollieren. Das Loch sollte so nah wie möglich beim potentiellen Auslösepunkt liegen und bis auf den Boden gegraben werden. In jede Schicht steckt man den Finger und prüft den Widerstand des Schnees. Wie stark ist er? Liegt vielleicht unter all dem neuen Pulverschnee eine hauchdünne Eisschicht? Durch die Lupe betrachtet man die Schneekristalle. Welche Form haben sie? Sind sie ineinander verzahnt oder zusammengefroren? Oder ist eine Schicht kugelförmiger Graupel- oder Hagelkörner vorhanden, die sich, seit sie irgendwann im Herbst gefallen sind, nicht festigen konnten? Woraus besteht die Schicht, die wie Kristallzucker durch die Hand fließt? Wahrscheinlich handelt es sich hierbei um *Tiefenreif* oder *Schwimmschnee,* der sich auf Grund eines starken Temperaturgefälles zwischen dem relativ warmen Boden (oder einer Schicht, z.B. einer Eisschicht in der Schneedecke) und der kälteren Außenluft bildet. Tiefenreif entsteht meistens früh im Winter, wenn die Schneedecke noch dünn, der Boden warm und die Luft sehr kalt (minus 20 Grad Celsius oder darunter) ist. Obwohl der Boden gefroren sein kann, liegt seine Temperatur niemals weit unter 0 Grad Celsius, da der Schnee wie eine Isolation wirkt. Durch dieses starke Temperaturgefälle bildet sich in den unteren, wärmeren Schneeschichten Wasserdampf, der durch die warme Luft in die oberen, kälteren Teile der Schneedecke gebracht wird. Hier sublimiert der Wasserdampf an anderen Schneekristallen, verändert damit ihre Form und läßt sie so lange wachsen, bis sie die Form eines ausgehöhlten Bechers angenommen haben. Diese *Becherkristalle* verlieren jegliche Bindung untereinander, erzeugen Höhlräume in der Schneedecke und sind weder gegen Nässe noch gegenüber dem Druck einer neugefallenen Schneeschicht widerstandsfähig. In den Vereinigten Staaten tritt Tiefenreif sehr häufig während des Winters in den Rocky Moutains auf, weil dort sehr kaltes und trockenes Wetter herrscht. Selten kommt er in den feuchten und wärmeren Cascade Mountains vor.

Im Winter 1967–68 fiel in den südlichen Anden wenig Schnee, und der Frühling war warm mit vielen klaren Tagen. Zum Skifahren waren die Verhältnisse äußerst schlecht, aber zum Klettern in den

Bergen um Bariloche hervorragend. Einige Freunde und ich erstiegen gerade einen steilen Schneehang in der Cathedral Group und machten uns, obwohl es sehr steil war, keine Gedanken darüber, daß wir kein Seil dabei hatten, denn die Stufen waren sehr sicher. Das Stufentreten war die einfachste Sache der Welt. Ungefähr auf halber Höhe überkam mich plötzlich das Gefühl, daß mit dem Hang etwas nicht in Ordnung sei. An einem passenden Felsblock hielt ich an und grub mit meinem Pickel ein ungefähr metertiefes Loch. Plötzlich brach ich durch eine härtere Schicht und sah mich einem Brei kegelförmiger Kristalle gegenüber, der so mit Wasser getränkt war, daß ich ihn fast nicht in der Hand halten konnte. (Für den Rest des Tages kletterten wir in den Felsen!) Dies war ein klassisches Beispiel für *Faulschnee*. Er bildet sich, wenn eine Schicht Tiefenreif in den unteren Schichten der Schneedecke durch Schmelz- oder Regenwasser durchnäßt wird und damit auch das letzte Quäntchen Festigkeit verliert. Er löst häufig nasse Lockerschnee- oder riesige, *nasse Schneebrettlawinen* aus, die alles einebnen, was sich ihnen entgegenstellt. Die *nasse Lockerschneelawine* stellt die häufigste Lawinenart dar, der sich der Bergsteiger im späten Frühjahr oder Sommer in den Alpen, in Alaska oder den Rockies gegenübersieht. Ihre Ursache beruht auf dem Schmelzen der obersten Schneeschicht und nicht wie bei der nassen Schneebrettlawine auf dem Schmelzen einer schwachen Schneeschicht unterhalb der Oberfläche. Im Sommer sind in den Vereinigten Staaten nasse Lockerschneelawinen normalerweise zu klein, um gefährlich zu sein. Aber sogar ein kleiner Schneerutsch kann den Bergsteiger in den gähnenden Bergschrund, der von oben nicht sichtbar war, reißen. Kommt eine nasse Lockerschneelawine zum Stehen, verfestigt sie sich wie Zement. Man braucht nicht einmal ganz eingegraben zu sein, um bewegungsunfähig zu werden. In den Alpen stellen nasse Lockerschneelawinen eine derart ernste Bedrohung dar, daß viele Abstiegsrouten, nachdem die Hitze des Tages bis zu einer kritischen Tiefe in die Schneedecke vorgedrungen ist, unpassierbar sind.

Regen oder Frühlingswetter mit warmen Winden und bewölkten Nächten können das Aufwärmen und Schmelzen der Schneedecke beschleunigen. *Föhn* (warmer, trockener Wind) schmilzt den Schnee schneller als jede natürliche Hitzequelle, einschließlich der Sonneneinstrahlung, weg.

Das untere Ende eines Hanges sollte man stets nach typischen Lawinenanzeichen absuchen. Rollen Schneebälle oder sogenannte Wagenräder aus eigener Kraft den Hang herunter, so kann dies eine nur oberflächliche Instabilität anzeigen. Wirft man einen großen Felsbrocken auf den Hang, so ist dies nur dann kein fragwürdiger Test, wenn er auch tatsächlich einen Schneerutsch auslöst – dann weiß man sicher, daß das Gewicht eines Menschen ähnliches oder

Das sicherste Urteil erhalten wir, wenn wir die Einflüsse, die die Lawinengefahr bewirken, kennen; und die Natur, die normalerweise ihre Eigenheiten großzügig vor uns ausbreitet, beobachten.

– *André Roch*
„Avalanches"
Mountain World, 1963

sogar noch mehr bewirkt hätte! Ein gut gesicherter Bergsteiger kann aus dem Versuch, absichtlich einen Schneerutsch auszulösen, eine Menge lernen.

Ist das Gewicht der Schneedecke sehr hoch, besteht kein Temperaturgefälle innerhalb der Schneedecke, beträgt die Lufttemperatur zwischen +4 und +7 Grad Celsius, und ist der Hang glatt und makellos, sollte man besonders auf nasse Schneebrettlawinen achten, besonders dann, wenn rutschige Gleitflächen bzw. Gleitschichten (z.B. eine Eisschicht, Gras oder Tiefenreif) vorhanden sind.

Das Abwarten der nachmittäglichen oder abendlichen Kälte, die den Hang vielleicht verfestigt, ist oft eine vernünftige Idee. Auf eine wirkliche Verfestigung muß man jedoch lange genug warten, da das Gefrieren selbst manchmal Schneerutsche auslösen kann. Ist der Schnee nicht zu tief durchnäßt, kann man absichtlich einen Rutsch auslösen und auf ihm „hinunterreiten", indem man sich die ganze Zeit obenhält und soviel wie möglich Schnee vor sich herschiebt. Eine kleine Vertiefung im Hang (oft die Mitte einer Rinne) kann hierfür der beste Platz sein, je nachdem, ob sie sich regelmäßig selbständig geleert hat.

Eine der seltenen sommerlichen Schneebrettlawinen im Loch Vale Couloir in Colorado. Wahrscheinlich ist Wasser durch ein altes Schneebrett bis zu einer harten Eisschicht durchgesickert, die dadurch schlüpfrig wurde. Foto U.S. Forest Service.

Auswirkungen von Sonne und Wind

In einem Talkessel werden die verschiedenen Hänge Sonne und Wind unterschiedlich ausgesetzt sein. Auf Grund der Sonneneinstrahlung ist der Schnee in Nordhängen normalerweise instabiler und weist eine geringere Dichte als in Südhängen auf. Darüberhinaus wird sich eine instabile Schneedecke auf einem Sonnenhang schneller verfestigen. Besteht in einem Südhang die Gefahr einer nassen Lockerschneelawine, so wählt man am besten einen Hang aus, der in eine andere Richtung weist oder den Teil eines Schneefeldes oder einer Rinne, der am wenigsten Sonne empfängt.

Der Wind erzeugt die Voraussetzungen, unter denen *Schneebrettlawinen* entstehen. Er fegt den Schnee von den windzugewandten Hängen, pulverisiert ihn und lädt ihn auf der Leeseite der Grate ab. Darüberhinaus reiben sich die Schneekörner im Wind mechanisch gegenseitig so lange ab, bis sie nur noch runde Kügelchen darstellen. Diese werden dann fest zusammengepreßt abgelagert und bilden ein *hartes Schneebrett* – die gefährlichste und am schwierigsten einzuschätzende Art aller Schneeverhältnisse. Schneebretter können ohne vorherigen Niederschlag nur von Höhenwinden und tiefen Temperaturen gebildet werden. Das harte Schneebrett ist nicht deshalb gefährlich, weil es wie lockerer Schnee eine instabile Masse darstellt,

Dieses Schneebrett in den Bugaboos ist angerissen, aber nicht abgegangen, am Tag, nachdem diese Skispuren gezogen wurden. Foto Jim Davies.

sondern weil es in sich selbst eine bessere Verbindung eingegangen ist als mit der darunter befindlichen Schneeunterlage. Die Dicke und Beschaffenheit eines dünnen Schneebrettes kann man abschätzen, indem man mit dem Pickel sondiert. Ein Schneebrett wächst und fächert nicht wie weicher, zusammenhängender Schnee von einem einzigen Auslösepunkt aus, sondern geht immer als Einheit mit einer horizontalen Bruchlinie ab. Das Schneebrett wird an den oberen, unteren und seitlichen Rändern und durch die Unterlage gehalten. Versagt eine dieser Haltekräfte, müssen die anderen das gesamte Schneebrett halten. Bemerkt man ein Absetzen, oder hört man ein dumpfes „whoomp", dann hat sich das Schneebrett eventuell auf einer haltlosen Unterlage gesetzt, während es von den Rändern noch gehalten wird. Am leichtesten wird das Schneebrett in seiner Mitte ausgelöst. Dies bedeutet jedoch keinesfalls, daß es nicht auch an der Bruchlinie zum Abgang gebracht werden kann. Es ist sicherer, einen schneebrettgefährdeten Hang im Bereich der Bruchlinie zu queren als durch die Mitte des Hanges – man befindet sich dann oberhalb der Hauptmasse des Schnees und hat noch eher eine Chance, auf dem Schneebrett hinunterzureiten. In jedem Fall wird man, wenn man von einer Schneebrettlawine erfaßt wird, sie selbst ausgelöst haben. Auf Graten sollte man auf der windzugewandten Seite bleiben, um *Packschneebretter* zu vermeiden. *Weiche Schneebrettlawinen* entstehen druch das Zusammenwirken von Wind und starkem Schneefall. Sie gehen meist während oder direkt nach dem Niederschlag ab. Manchmal bilden sie sich unabhängig von der Windrichtung und können deshalb sowohl in Luv- als auch in Leehängen angetroffen werden. Es gibt keine exakte Unterscheidung zwischen weichen und harten Schneebrettern. Schneebretter besitzen die unterschiedlichsten Härtegrade – manchmal erkennt man nicht einmal eine Skispur auf ihnen, ein anderes Mal verlocken sie zu der herrlichsten Tiefschneeabfahrt.

Mit dem Gebirgszug, den man besuchen will, muß man sich sehr intensiv beschäftigen. Neben dem Studium der vorherrschenden Windrichtung und typischen Gewitterzyklen sollte man auch die örtlichen Windverhältnisse in Erfahrung bringen. In einem bestimmten Gebiet kann der vorherrschende Wind bei klarem Wetter aus Westen kommen, jedoch während eines Niederschlages auf Südwest oder Süd drehen. Darüberhinaus vollzieht man die Entwicklung des Wetters und der Niederschläge in der gegenwärtigen Jahreszeit bis zum entsprechenden Tag nach. Man sollte versuchen, ein Gespür dafür zu entwickeln, wie sich die heute vorhandene Schneedecke unter diesen Verhältnissen entwickelt und aufgebaut hat. All dies prägt man sich dann im Unterbewußtsein ein, damit man von ihm in kritischen Situationen gewarnt werden kann. Je besser man die normalen Verhältnisse kennt, um so mehr werden unübliche Abweichungen davon auffallen und dem Bergsteiger als Warnung dienen.

Alles in allem muß man jedoch dem Lawinenexperten Ron Perla zustimmen, der einmal sagte: „Die einzige Faustregel, die es über Lawinen gibt, ist die, daß es keine Faustregeln gibt."

Vorsichts- und Rettungsmaßnahmen

Selbst wenn man durch Intuition und eine genaue Untersuchung des Geländes, des Wetters und des Schnees den sichersten Hang erkennen kann, gibt es noch viele Dinge, die man tun kann, um das Schicksal zu seinen Gunsten zu wenden. Bevor man im Winter in die

Diese Lawine fiel über 2500 Meter die Südwand des Dhaulagiri herunter, raste dann horizontal fünf Kilometer weit, stieg 200 Meter bis zu einem Grat auf, um dann nochmals 1000 Meter herunterzustürzen und kam erst kurz bevor sie ein Basislager zerstören konnte, zum Halt.
Foto Mike Covington.

Berge geht, erkundigt man sich bei Lawinenwarndiensten oder Bergführern über die bestehende Lawinengefahr. Jeder, der einen Hang betritt, sollte warme Kleidung anziehen. Alle Ausrüstungsgegenstände sollten locker und frei am Körper angebracht sein, sodaß man sie jederzeit wegwerfen kann. Danach bindet man sich in eine 20 Meter lange, leuchtend bunte Lawinenschnur ein. Einige Skifahrer tragen Wasserstoffballons an kurzen Seilen mit sich. Lawinensuchgeräte sind bei Skitouren, die zwischen Bäumen hindurchführen, wo lange Lawinenschnüre hinderlich wären, von besonderem Vorteil. Das Sende- Empfangsgerät ist nur so groß wie eine Zigarettenschachtel. Jedes Mitglied der Gruppe trägt ein Exemplar, das auf

Senden eingestellt ist. Wird jemand von einer Lawine verschüttet, dann stellen die anderen ihre Geräte auf Empfang, um ihn orten zu können.

Man sollte sich nicht anseilen. In einem schmalen Hang kann eine Person von der Seite aus gesichert werden. Der Sichernde sollte aber nicht in das Seil eingebunden sein, wenn er nicht den ausdrücklichen Wunsch hegt, einen Güterzug halten zu wollen. In einem möglicherweise gefährlichen Hang darf jeweils nur eine Person gehen. Man muß sich rechtzeitig einen Fluchtweg suchen. Steigt man auf oder ab, geht man in der Fallinie und geht keine Serpentinen. Bei einer Querung versucht man, sich oberhalb der gefährdeten Zone zu halten. Man sollte so wenig wie möglich Zeit in der Gefahrenzone verbringen und um „sein Leben laufen".

Obwohl relativ wenig Bergsteiger in eine Lawine gekommen sind, kommt es doch häufig genug vor, daß man in jedem Falle wissen muß, wie man sich darin verhält. Der übliche Rat, den man den Unglücklichen, die von einer Lawine erfaßt werden, gibt, ist zu „schwimmen". Einige, die es erlebt haben, vergleichen es mit einem unablässigen Klettern zur Oberfläche. Es besteht allgemeine Übereinstimmung, daß man wie wild kämpfen muß, um an der Oberfläche zu bleiben. Man sollte nicht versuchen, der Lawine davonzulaufen, sondern vielmehr auf die Seite zu kommen. Wird man verschüttet, atmet man, bevor der Schnee zum Stehen kommt, tief ein, um für den Brustkorb genügend Raum zu schaffen. Mit Armen und Händen versucht man, sich vor dem Gesicht eine Luftblase zu erhalten. Vielleicht kann man einen Arm oder eine Hand an der Oberfläche halten. Sobald der Kampf nutzlos geworden ist, entspannt man und spart soviel wie möglich Kraft und Sauerstoff. Die Atemtechnik des Joga wäre die ideale Methode, um Geist und Körper zu entspannen. (Houdini konnte stundenlang in einer versiegelten Kiste auf dem Grund des East Rivers aushalten). Man sollte nur rufen, wenn man sicher hört, daß Retter in der Nähe sind.

Ein in einer Lawine verschüttetes Opfer kann nur überleben, wenn schnell nach ihm gesucht wird. Obwohl es Berichte gibt über einige wenige bemerkenswerte Bergungen von Opfern, die tagelang verschüttet gewesen waren, hat im allgemeinen ein Lawinenopfer nur eine Chance von 50 Prozent, die ersten dreißig Minuten lebend zu überstehen. Kommt der Schnee zum Halt, türmt er sich zu einer steinharten Masse auf – das Opfer kann sich unmöglich selbst befreien. Seine einzige Chance sind seine Kameraden, die an der Oberfläche geblieben sind. Ihre Aufgabe beginnt, bevor die Lawine überhaupt zum Stehen gekommen ist. Sie müssen den von der Lawine Erfaßten genau beobachten, bis er verschüttet wird und sich diesen *Verschwindepunkt* einprägen und genau markieren. Dann müssen sie versuchen, die Bewegung dieses „Verschwindepunktes" auf dem Schnee weiter zu verfolgen, bis dieser zum Stehen kommt und den Punkt dann wieder markieren. Aller Wahrscheinlichkeit nach wird der Verschüttete irgendwo auf einer Linie zwischen diesen beiden Punkten – wahrscheinlich näher am unteren Punkt – liegen. Kommt eine Lawine zum Stehen, muß zuerst an die Sicherheit der nicht von ihr erfaßten Personen gedacht werden – es würde dem Opfer wenig nützen, wenn seine Retter durch eine Folgelawine verschüttet würden. Dann wird die Oberfläche des Lawinenkegels hastig nach irgendwelchen Hinweisen abgesucht: ein Handschuh, Hut, Rucksack. Ihre Fundstellen werden markiert. Besonders intensiv sollte man die Umgebung von Bäumen oder sonstigen Geländehindernissen, die das Opfer vielleicht aufgehalten haben, absuchen. In regelmäßigen Abständen ruft man und horcht auf Antwort. Wird nichts gefunden, beginnt man in einem 70 auf 75 Zentimeter Raster zu sondieren, indem man Weidenruten, stumpfe Pickel oder einen Skistock, bei dem man den Teller entfernt hat, benutzt. (Es gibt hervorragende Skistöcke, die auf Grund ihrer besonderen Konstruktion in Sonden umgebaut werden können. Jeder Skitourengeher sollte diese besitzen.) Stehen nur wenige Helfer zum Sondieren zur Verfügung, oder ist das Gelände steil, sollten die Sondierenden so weit auseinanderstehen, daß sich die Fingerspitzen ihrer ausgebreiteten Arme gerade berühren können. Man sondiert zuerst auf der einen und dann auf der anderen Seite des Körpers. Dann macht man einen Schritt von ungefähr 70 Zentimeter nach vorne und sondiert wieder. Während des Sondierens muß absolute Ruhe herrschen und auf Geräusche geachtet werden. Findet man ein Opfer, muß es neben den Wiederbelebungsmaßnahmen auf Schock behandelt werden.

Die Lawinenvorhersage ist eine schwierige Kunst, die im Begriffe ist, eine Wissenschaft zu werden. In diesem Buch konnte ich nur einige ihrer Hauptthemen flüchtig behandeln. Doch kann ein nur beschränktes Wissen angesichts dieser unberechenbaren Naturgewalten sicherlich gefährlich sein. Deshalb empfehle ich jedem angehenden Bergsteiger wärmstens, alles zu lesen, was er über dieses Thema in die Hände bekommen kann.

Fünf von uns „Spaßvögeln" fuhren 1968 in einem alten Lieferwagen von Kalifornien bis zur Südspitze Südamerikas hinunter. Wir hegten den Plan, den sagenumwobenen Fitz Roy, einen Riesenzahn, der sich in der Nähe des patagonischen Eisschildes erhebt, zu ersteigen. Zuerst surften wir einmal zwei Monate lang auf den langen Pazifikwellen, die sich an der Westküste von Mexiko, Zentralamerika und Peru brechen. In Lima verkauften wir dann unsere Surfbretter und fuhren weiter nach Chile, um Ski zu fahren.

Foto Doug Tompkins

186

Schließlich überquerten wir die Anden und erreichten nach viermonatiger Reise das Ende der Straße. Unsere Ausrüstung wurde auf einige Armeepferde verladen, und los gings zum Basislager.

Der Fitz Roy war vorher nur zweimal bestiegen worden – zum ersten Mal durch die großen französischen Bergsteiger Lionel Terray und Guido Magnone. Terray meinte danach, daß dies eine der beiden Besteigungen sei, die er nie mehr wiederholen würde. (Die Nordwand des Eigers war die andere). Wir hatten den Plan, den Gipfel in kurzer Zeit zu erreichen, eine neue Route im alpinen Stil zu eröffnen – alle fünf auf den Gipfel zu bringen – und das ganze Abenteuer zu filmen. Ein ziemlich kühner und verwegener Plan, aber immerhin, der Fitz Roy war ja nur 3700 Meter hoch.

Nun, das Wetter machte uns schwer zu schaffen. Von 60 Tagen, die wir dort verbrachten, hatten wir nur an fünf Tagen gutes Wetter. Als Folge davon waren wir gezwungen, ständig auf- und abzusteigen; dies nahm unsere Ausrüstung, die ja nur für normale alpine Verhältnisse vorgesehen war, von Tag zu Tag mehr mit.

Es war noch früh in der Saison, und der Schnee war tief und naß. Unsere Gamaschen schützten unsere Stiefel nicht besonders gut, weshalb die Stiefel die ersten Ausrüstungsgegenstände waren, die uns im Stich ließen. Es dauerte nicht lang, und ihr Leder war alles andere als wasserdicht, und die Nähte verrotteten in Windeseile. Die Sohlen von Chris Jones neuen Stiefeln begannen sich sogar abzulösen!

Die meiste Zeit über war der Wind so stark, daß wir in Eishöhlen leben mußten, um dem schrecklichen Lärm zu entgehen. Ein Zelt wäre sowieso nicht lange stehengeblieben. Lebt man 31 Tage lang in Eishöhlen, so bringt das natürlich spezielle Probleme mit der Daunenausrüstung mit sich. Sobald wir den Kocher anzündeten, stieg die Luftfeuchtigkeit bis fast zum Sättigungspunkt, und unsere Schlafsäcke und Daunenjacken saugten die ganze Feuchtigkeit auf. Natürlich war es unmöglich, sie zu trocken, noch unsere Stiefel, die zu dieser Zeit langsam zu schimmeln anfingen.

Wir verloren einige unserer Fixseile, weil wir nicht genügend Seil zwischen den einzelnen Verankerungspunkten gelassen hatten. Als wir nach einem 17 Tage anhaltenden Sturm zu ihnen zurückkehrten, waren sie geschrumpft. Ein 46 Meter langes Seil hatte nur mehr eine Länge von 42 Metern, und es war so straff gespannt, daß wir es losschneiden mußten, weil die Knoten hart wie Eisen waren.

Als sich schließlich endlich die Möglichkeit eines Gipfelsturms ergab, waren unsere Anoraks und Wollhosen in Fetzen und unsere zerschlissenen Stiefel steifgefroren. Unsere Biwakausrüstung ließen wir triefend vor Nässe in der Eishöhle zurück. Wir kletterten 23 Stunden lang ununterbrochen bis zum Gipfel und wieder zurück; es war ein Rennen sowohl gegen das Wetter als auch gegen unsere sich auflösende Ausrüstung. Wären wir hoch am Berg von einem Sturm überrascht worden, wären wir ziemlich in der Tinte gesessen. Die Tatsache, daß wir keine Biwakausrüstung dabei hatten, zwang uns, so schnell wie möglich und ohne Pause zu klettern. Als wir wieder im Basislager waren, waren wir alle der übereinstimmenden Meinung, daß uns die Ausrüstung fürchterlich im Stich gelassen hatte, und wir schworen uns auf der Stelle, ihr in Zukunft mehr Aufmerksamkeit zu schenken.

9
Ausrüstung

Technologie

Wer in die Berge geht, gesteht damit vor allem ein, daß er die eigene persönliche Anstrengung mechanischen Hilfsmitteln vorzieht. Der Bergsteiger entscheidet sich, diese Anstrengung in einer einfachen Umgebung und ohne die Hilfe einer großen Organisation zu unternehmen. Im gleichen Sinne sollte sich der moderne Bergsteiger bei der Auswahl seiner Bergsteigerausrüstung für das Einfache entscheiden.

Ich möchte jedoch keinesfalls behaupten, daß die Ausrüstung, die heute im Eisklettern benutzt wird, etwas anderes als hochentwikkelte Technologie darstellt. Betrachtet man allein das Bergseil, dessen Nylonfasern sorgfältigst ineinander verwoben sind, um gewaltige Fangstöße aufzufangen, so würde eine solche Auffassung schnell widerlegt sein. Aber ich glaube, daß heute die Bergsteiger bewußt die Anzahl und die Kompliziertheit ihrer Kletterhilfen reduzieren. Sogar das Seil wird nur als Sicherheitsreserve benutzt, während der Kletterer versucht, ohne seine Hilfe aufzusteigen. Obwohl der Bergsteiger vor allem die Einfachheit in den Bergen sucht, sind doch der Drang, Neues zu erfinden und die Begierde, es zu besitzen, Bestandteil unseres täglichen Lebens. Deshalb verlieren manche Bergsteiger oft ihr einfaches Ziel aus den Augen, wenn sie in einer leichten Route mit einem ganzen Arsenal neuester Aufstiegshilfen herumhantieren. Die Zahl der Kletterhilfen, die für immer speziellere Anwendungen ständig weiterentwickelt werden, ist nicht zu übersehen.

Die große Anziehungskraft des Eiskletterns besteht nicht zuletzt darin, daß man mit den gleichen wenigen Geräten, die für einen leichten Anstieg gebraucht werden, auch die härtesten Passagen überwinden kann, wenn man Technik, Erfahrung und Kühnheit besitzt. Viel mehr als einen Schutz vor den Witterungsverhältnissen des Gebirges braucht der Bergsteiger nicht. Stiefel, Pickel und Steigeisen – sie bilden die Grundausrüstung für den Schnee- und Eisgeher.

Die wenigen, einfachen Gegenstände müssen wie die Bekleidung des Bergsteigers außerordentlich vielseitig sein. Wären diese Geräte nicht so anpassungsfähig, könnte man mit ihnen unmöglich die verschiedenartigsten Klettertechniken anwenden, die die unterschiedlichsten Gebirge der Erde erfordern. Ein und derselbe Pickel muß sich im Schnee des Himalaya bewähren, Spalten in Alaska sondieren, in hartes Wassereis in Montana eindringen, als Sicherungsverankerung auf einem französischen Firnfeld dienen oder sich durch eine Wächte der Anden graben. Ein Gerät – viele Aufgaben. Vielseitigkeit heißt das Stichwort, und Einfachheit ist das Erfolgsrezept. Jede einzelne dieser Funktionen muß im Gesamtkonzept beinhaltet sein.

Der Bergsteiger muß sich auf die wenigen Geräte, die er auswählt, verlassen können. Der plötzliche Verlust eines Pickels könnte fatal sein. Dies muß nicht unbedingt bedeuten, ihn zu verlieren, er darf auch nicht brechen- deshalb muß er von bester Qualität sein. Je mehr die Dinge um uns herum für den zeitlich begrenzten Gebrauch geschaffen werden, und je mehr wir mit ihnen in unseren Autos, Häusern und Kleidern umgehen (und im Grunde erwarten, daß diese Dinge zerbrechen oder auseinanderfallen, so schnell, wie sie aus der Mode kommen), um so schwieriger wird es für uns, echte Qualität zu erkennen, sie einschätzen zu können, sie zu verlangen und bereit sein, ihren Preis zu bezahlen. Man kann durchaus in den Ramschladen an der Ecke gehen und einen billigen Hammer kaufen, mit dem man Nägel einschlagen kann – zumindest für eine Weile. Aber er wird sicher irgendwann einmal während einer Arbeit plötzlich brechen und dann ein halbfertiges Werkstück und ein weiteres Stück Plunder auf dieser Welt hinterlassen. Natürlich wäre es mehr als unbequem, würde dieser Hammer im Eisschlauch der Eigernordwand brechen. Wieviel besser wäre es dann, hätte man ein zehnmal teureres Stück, ein Gerät, das man von Jahr zu Jahr besser kennenlernt, bis es ganz natürlich in der Hand liegt. Ja, man wird vielleicht sogar Freude daran empfinden, dieses gute Stück an jemanden weiterzugeben, der darauf brennt, seinen Gebrauch und die Kunst, mit ihm umzugehen, zu lernen.

Betrachtet man den Alpinismus auf diese einfache Weise, dann muß man die praktische Konsequenz daraus ziehen, beweglich zu sein. Nur eine leichte Last macht den Kletterer behende. Unbelastet kann man schneller klettern, längere Anstiege durchführen und hat darüberhinaus mehr Zeit für die wirklich schwierigen Passagen.

Stiefel

Zwar mag der Pickel das Symbol des Bergsteigens sein, gute Stiefel jedoch sind seine Grundlage. Ein gut beschuhter Bergsteiger kann mit seinem Schuhwerk eine Menge machen, bevor er zum Pickel greifen muß. Es gibt viele gute Pickel, und man muß nur dafür bezahlen, um in ihren Besitz zu kommen. Ein gutes Paar Stiefel ist jedoch, egal welchen Preis man dafür bezahlt, wesentlich schwieriger zu finden. Die Bergstiefel sollten immer aus den besten, ungespaltenen Häuten des erwachsenen Rindes hergestellt werden. Da jedoch Zeit Geld bedeutet, ist es wirtschaftlicher, die Haut in mehrere dünne Schichten zu spalten und Stiefel zu produzieren, die sowohl weniger Körper haben als auch naturgemäß weniger wasserdicht sind. Sobald ein Stiefel in den Ruf gerät, gut gebaut zu sein und eine gute Lederqualität zu besitzen, steigt die Nachfrage nach ihm an – und bald beginnt dann leider die Qualität darunter zu leiden. Einen guten Stiefeln zu finden, grenzt oft schon an Magie, und hat man dann wirklich einmal ein gutes Paar gefunden, das paßt, sollte man gleich zwei Paar kaufen, denn die Qualität wird niemehr die gleiche sein.

Ein Stiefel, mit dem man Schnee und Eis klettern möchte, sollte ähnliche Eigenschaften haben wie der Stiefel, der im steilen Fels getragen wird – als wichtigstes Merkmal muß er eine steife Sohle, die die Füße schützt, besitzen. Beim Platten- oder Reibungsklettern ist ein gewisses Maß an Flexibilität erwünscht. Die Sohlen werden, um eine gute Reibung zu erreichen, entweder flach auf den Granit gestellt, oder sie stehen über dem Fußballen auf winzigen Schuppen. Dabei stellt man die Füße in perfekter Charly Chaplin Manier seitlich aus. In Kalk- oder Dolomitwänden klettert man meistens in der Senkrechten, und die scharfkantigen Griffe und Tritte sind im allgemeinen horizontal. Versucht man hier, auf dem inneren Sohlenrand zu stehen, wird der Körper sich zu nahe am Fels befinden, und man wird aus dem Gleichgewicht kommen. Deshalb muß man sich hinauslehnen und auf den Zehenspitzen stehen. Gleichermaßen ist es bessser, in steilem Eis Schuhe mit steifen Sohlen zu haben.

Ich hatte einige hervorragende Stiefel, die Monate brauchten – manchmal sogar mehrere Träger –, bis sie eingetragen waren. Realistischerweise sollte man jedoch vielleicht davon sprechen, daß sich die Füße den Stiefeln angepaßt haben und nicht umgekehrt.

Hat der Stiefel sich dem Fuß einmal angepaßt, kann man alles mit ihm machen: Er ist steif genug, um mit ihm auf Frontalzacken zu gehen, und doch biegt er sich gerade genug unter den Zehen, um im Granit Reibung zu erzeugen. Auf dem langen Rückmarsch ins Tal bekommt man in ihm an den Zehen keine Blasen, da diese durch einen festen Halt im Fußgewölbe und an der Ferse festgehalten werden. Eine leichte Biegung, die sogenannte Wiege , wird wie bei Holzschuhen in die Sohle eingebaut, damit man lange Märsche auch mit steifen Sohlen schmerzlos bewältigen kann. Gute Stiefel passen im Winter auch in Tourenbindungen für Ski.

Man hüte sich vor Stiefeln, die mit Schaumgummi gepolstert sind, modische Geröllkragen haben, die bis zu den Fersen reichen oder aus weichem, dünnem (oder gespaltenem) Oberleder hergestellt sind.

Eine Stufe ins Eis zu schlagen ist offensichtlich nicht sehr kompliziert; Man kann sie ganz nach seinem Geschmack gestalten, etwa einen richtigen Suppenteller, der große Füße aufnimmt oder dazu dient, eine Zugstemme ausführen zu können, oder auch richtige „Rette-sich-wer-kann Henkelgriffe" aus dem Eis schlagen.

Wir haben es hier mit einer Form von Kunst zu tun und mit einer der wenigen Gelegenheiten beim Bergsteigen, sich selbst auszudrücken. Stufenschlagen wird dann erst zu einer alpinistischen Fertigkeit, wenn man fähig ist, schnell einige wenige grobe Stufen zu schlagen oder überhaupt ohne auszukommen, wenn nicht genug Eis vorhanden ist.

Diese Art der Betrachtung gilt jedoch nur für das historisch-romantische Zeitalter, das vor den 60er Jahren herrschte, denn im letzten Jahrzehnt distanzierte man sich von der kühnen und draufgängerischen Art, in der man in vergangenen Tagen führte. Damals hatte die „Bundhosenbrigade", oft 30 Meter im Eis geführt, nur an einem entsetzlich altertümlichen Pickel gesichert.

Heutzutage, mit einer verheerenden Technologie, die so typisch für den modern denkenden Menschen ist, kommt man oft kaum ans Eis heran, weil man eine ungeheure Menge an Material – Trittleitern, Schrauben, Firnanker, gekrümmte Eishämmer, Pickel, Trillerpfeifen, Neigungsmesser, dieses und jenes, etc. mit sich herumschleppt.

Es wäre besser, den Seilzweiten als Lastenträger auszubilden, oder dazu, Materialkarren à la Yosemite zu bauen, um diese über die Eiswände hinaufzuschleppen. Nun – das alles mag verdächtig nach „sauren Trauben" für mich klingen, denn schließlich trage ich ja auch einige dieser Gegenstände mit mir herum – aber, ich gebe zu, daß ich sie allesamt schlicht und einfach für nutzlos halte.

– Jimmy Marshall
Mountain

Dies sind Stiefel für Touristen, die man zwar an einem Wochenende einlaufen kann, deren Lebensdauer jedoch vor dem Ende eines Unternehmens abgelaufen ist.

Ein guter Stiefel ist ungefähr 15 bis 18 Zentimeter hoch; eine größere Höhe würde die Knöchel, die bei der französischen Technik flexibel sein müssen, zu sehr behindern. Aber selbst wenn man die richtige Stiefelhöhe wählt, kann das Oberleder zu steif sein und damit unnötigerweise das Biegen der Knöchel behindern. Dies ist ein heikler Punkt. Ein Stiefel, der bis über die Knöchel reicht, ist notwendig, damit die Ferse fest im Stiefel sitzt und verhindert im allgemeinen, daß man bei langen, ermüdenden Abstiegen mit dem Knöchel umknickt. Der Stiefel muß sich jedoch auch in der Gehbewegung vor und zurück biegen. Eine gewisse seitliche Flexibilität ist für die „pied à plat" Technik, für das Plattenklettern und um die Unannehmlichkeit, die man mit steifen Sohlen auf Geröllhalden hat, zu reduzieren, absolut notwendig. Dieser notwendige Kompromiß zwischen Flexibilität und Halt kann durch die Benützung guten Leders, durch Versteifungen und die richtige Konstruktion des Stiefels erreicht werden. Von Spielereien wie Fersenscharnieren oder steifen Knöchelschalen sollte man absehen. Die meisten Stiefel mit Innenschuhen bieten dem Knöchel keinerlei Flexibilität, da sie sich durch die Reibung des inneren am äußeren Schuh versteifen. Deshalb sind sie zwar gut für das Skibergsteigen, aber beim reinen Klettern sind sie beschwerlich und nicht viel wärmer als ein gut sitzendes Paar Stiefel mit zwei Paar Socken und einem Paar Gamaschen. Die häufigste Ursache für kalte Füße liegt in der mangelnden Blutzirkulation, die durch das Tragen von zu kleinen Stiefeln oder zu vielen Socken hervorgerufen wird. Stiefel mit einer Balgenzunge und weichem Oberleder schnüren die Blutzufuhr in den großen Gefäßen, die nahe an der Oberfläche des Rist liegen, ab. (Das gleiche bewirken die Riemen der Steigeisen). Ein Stiefel, der aus gutem, steifem Leder gemacht ist und einen überlappenden Zungenverschluß hat, sodaß der Fuß sich frei bewegen kann, ist bei weitem wärmer. Das Schnürsystem sollte so fest wie möglich sein; ein Kletterer der zwischen Himmel und Erde schwebt, kann es sich nicht leisten, über seine Schnürsenkel zu stolpern. Besonders schlimm ist der in letzter Zeit in Mode gekommene Haken weit unten an der Seite des Knöchels.

Ist der Stiefel wirklich wasserdicht, kann er nicht atmen, und deshalb wird Fußschweiß von den Socken und dem Innenleder sowie der Polsterung aufgenommen. Solange man die Socken und Stiefel jede Nacht trocknen kann, stellt dies kein Problem dar. Bei langwierigen Unternehmungen und Expeditionen ist dies jedoch oft unmöglich. In diesen Fällen trage ich einen mitteldicken Socken direkt auf der Haut, über den ich eine kleine Plastiktüte ziehe. Über beidem trage ich dann noch einen dicken Wollsocken. Diese Methode hat meiner Meinung nach zwei Vorteile. Einmal hält es meine Stiefel und die dicken Socken knochentrocken und zum anderen bleiben meine Füße ein bißchen wärmer.

Bekleidung

Für Hosen, Pullover, Hemden und Mützen gibt es nur ein Material: Wolle. Für die nassen Verhältnisse, die beim Eisklettern meistens vorherrschen, ist Wolle immer noch das beste Material. Obwohl sie Wasser aufsaugt, weist sie immer noch Lufträume auf, auch wenn sie naß wird. Die schlauen Schotten tragen Wolle, um in eisigen Kaminen und Rissen Körperreibung zu erzeugen. Ein cleverer Bergsteiger, der sich einmal plötzlich in einer Spalte wiederfand, ohne daß ihm Steigeisen zur Verfügung standen, befreite sich selbst, indem er seine Stiefel auszog und seine Wollsocken an den Seitenwänden der Spalte festfror, während er sich geduldig hochstemmte.

Heutzutage gibt es viele Kleidungsstücke wie Pullover, lange Unterhosen oder Fäustlinge aus synthetischem Material wie Polyester und Polypropylen; sie nehmen wenig Wasser auf und trocknen sogar schon bei Körperwärme schnell. Ein Kleidungsstück aus diesem Material hat den Vorteil, leichter als Wolle zu sein und selbstverständlich wärmer in nassen Verhältnissen. Die Entwicklung dieser neuen Materialien für Bergsteigerbekleidung ist noch lange nicht abgeschlossen.

Ein einziger Tag, den man nur mit Wolle bekleidet in den nassen, arktischen Winterwinden von Schottland verbringt, läßt unweigerlich jeden Bergsteiger zu einem soliden Eisblock gefrieren. Deshalb sollte man, wenn man die Reibungseigenschaften der Wolle nicht benötigt, einen Wind- oder Regenanorak und Überhosen benutzen, um diesen „malerischen Zustand" zu verhindern. Man muß sich jedoch stets bewußt sein, daß, wenn der Schnee nicht an der Perlonkleidung haftet, man daher auch nicht am Schnee haften bleibt. Einige wirklich schreckliche Unfälle wurden dadurch verursacht, daß Bergsteiger mit Windanzügen aus synthetischen Materialien beim Abfahren gestürzt sind. In der Tat ist es in manchen Skigebieten dem Skifahrer nicht erlaubt, solche glatte, „naßglänzende" Kleidung auf den Hängen zu tragen.

Der Sitz der Kleidung sollte die Bewegungsfreiheit und die Präzision der Bewegung ermöglichen, die beim Eisklettern erforderlich sind. Gamaschen und Überhosen sollten zwar behaglich aber dennoch so enganliegend sein, daß die Zacken der Steigeisen sich nicht darin verfangen können. Es ist unheimlich wichtig, den Kopf durch eine Wollmütze, einen Schal oder eine Sturmhaube warm zu halten. Der

Überlege dir, was du alles für eine Bergfahrt von, sagen wir, 30 Stunden brauchst. Von alledem sortiere das aus, auf das du leicht verzichten kannst. Vom verbleibenden Rest nimm dann nur die Hälfte mit.

– Harold Raeburn
Mountaineering Art

193

Kopf macht zwar nur zwanzig Prozent der Körperoberfläche aus, da er jedoch keine schützende Fettschicht besitzt wie der übrige Körper, kann er 40 Prozent der Körperwärme abgeben. Mehrere Isolationsschichten sind wärmer als eine einzelne Schicht und ermöglichen es darüberhinaus, sich flexibler an Temperaturschwankungen und auch unterschiedlich starke körperliche Anstrengungen anzupassen. Wolle erzeugt keinerlei Wärme, sie speichert nur die vorhandene. Und wenn es auch wahr ist, daß kalte Füße einen zusätzlichen Pullover erfordern, muß man letzten Endes doch mehr Wärme produzieren, um warm zu bleiben. Dies bedeutet Nahrung, und je kälter das Wetter, um so mehr muß man essen. Mir ist schon übel geworden, weil ich im Winter ohne Frühstück aufgebrochen bin. Um sich an das kalte Wetter anzupassen, benötigt man besonders zusätzlich Fett und Kohlehydrate: Butter auf den Haferflocken, Salamie, Käse, Nüsse. Eine Handvoll Knabbereien vertreibt die lähmende Bewegungslosigkeit auf Standplätzen.

Fingerhandschuhe oder Fäustlinge sollen nicht nur die Hände warm und trocken halten, sondern auch einen guten Griff am Pickel bieten. Normalerweise benutze ich im Sommer entweder weiche, ungefütterte Lederhandschuhe oder noch besser Handschuhe, die aus einem gummibeschichteten Material hergestellt sind. Diese halten sogar bei milden Winterverhältnissen die Hände genügend warm und sind weniger einengend als die gepolsterten Skihandschuhe. Mit ihnen hat man einen unübertroffenen Griff an einem rutschigen Eispickelschaft sowie genügend Fingerfertigkeit, um im Fels zu klettern. Unter kälteren Bedingungen kann man darunter leichte Wollhandschuhe tragen, sollte jedoch ein Zusatzpaar mitführen, damit man sie, wenn sie naß werden, tauschen kann. Bei extremer Kälte sind Fingerhandschuhe unter schweren Wollfäustlingen, die wiederum in wasserdichten Überhandschuhen stecken, am wärmsten- man wird jedoch den Pickel wesentlich unbeholfener anfassen können. In kombinierten Touren trage ich oft fingerlose Handschuhe unter Dachsteinfäustlingen. Die Fäustlinge können mit einer Schnur oder einer großen Sicherheitsnadel am Ärmel des Pullovers befestigt werden, um sie, wenn man nur mit den Handschuhen klettert, rasch problemlos an- und ausziehen zu können.

Eine Gamasche sollte bis zum Knie hochreichen und soviel wie möglich vom Stiefel abdecken. Über dem Stiefel sollte das Material wasserdicht sein, am Bein jedoch luftdurchlässig, sodaß auf der Innenseite keine Kondensation entstehen kann. Die besten Gamaschen sind die von Peter Carman erfundenen sogenannten „Supergators". Sie schließen über dem Sohlenrand dicht ab, sind wasserdicht und isoliert. Sie erfüllen die gleiche Funktion wie Überschuhe, aber lassen die Sohlen zum Felsklettern frei. Die Supergators sind fast so warm wie doppelte Stiefel, aber leichter und weniger sperrig. Sie halten die Stiefel sogar im Moor von Schottland trocken.

Sonstige Ausrüstungsgegenstände und einige Ratschläge

Steigeisengurte aus Leder oder Nylon werden, wenn sie naß werden, sich dehnen und gefrieren. Hanf schrumpft bei Nässe, schneidet die Blutzirkulation ab und verursacht kalte Füße; deshalb sind neoprenbeschichtete Nylongurte die besten. Die neuen, schnellen, mechanischen Bindungssysteme sollte man besser nicht benutzen. Keines von ihnen ist absolut sicher; ich habe schon erlebt, wie selbst die besten von ihnen mitten in einer schwierigen Eispassage sich einfach vom Schuh gelöst haben. Beim schnellsten, einfachsten und sichersten Schnürsystem führt ein Gurt, um zusätzlichen Halt zu gewähren, vollkommen um das Fußgelenk herum; der andere Gurt wird von außen nach innen durch die Frontringe eingefädelt. Dieses System bietet eine sichere Befestigung, da es sich selbst blockiert und damit eventuell eine Katastrophe, die durch einen gerissenen Gurt hervorgerufen wird, hinausschieben kann, und außerdem muß man die Gurte über den Zehen nicht so festziehen, sodaß in der Folge die Zehen wärmer bleiben.

Man achte darauf, daß die Schnallen immer an der Außenseite der Füße getragen werden und schneidet lose Gurte ab, damit man nicht über sie stolpern kann. Man darf nie vergessen, daß Bergsteiger in der Regel nicht bei langen, heroischen Stürzen, nachdem sie einen unmöglichen, schwierigen Überhang versucht haben, umkommen, sondern weil sie z. B. auf einem 40 Grad steilen Schneehang über ihre eigenen Beine gestolpert sind. Steigeisen müssen gut passen, die Gurte stark sein (man untersucht sie vor jedem Einsatz) und das Bindungssystem sicher sein. Man bindet die Gurtenden weder mit einem Spierenstich ab, noch läßt man sie lose herumbaumeln und nehme sich vor weiten Gamaschen oder Überhosen, in denen sich die Steigeisen verfangen könnten, in Acht. Welches Gurtsystem man auch benutzt, es muß immer schnell und wirkungsvoll sein. Ich bin schon mit sehr erfahrenen Bergsteigern zusammen gewesen, die jedoch 15 oder 20 Minuten brauchten, um ihre Eisen aus dem Rucksack zu holen, die Zackenschützer abzunehmen, die Eisen anzulegen und die Gurte noch verlängern oder verkürzen mußten, was man schon zu Hause hätte erledigen können. Während dieser Zeit hätten sie bereits Stufen über die Eispassage schlagen können und damit eine Menge Zeit sparen können.

Beim Winterbergsteigen oder bei sommerlichen Unternehmungen im Hochgebirge leistet eine gute Schaufel unschätzbare Dienste. Man kann mit ihr Schneelöcher, Eishöhlen, Schneewälle graben

Oben, ein gutes Beispiel für eine mögliche Unfallursache. Die Frontalzacken sind zu kurz, und das Gurtsystem ist eine Katastrophe. Unten, richtiges Einfädeln des Steigeisengurtes.

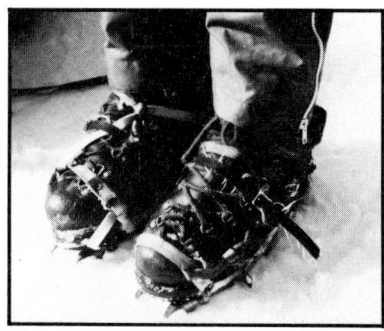

oder Lawinenopfer befreien. Hat man eine Schaufel zur Hand, ist man gleichzeitig sicherer. Eine Schaufel ist nicht nur leichter als ein Zelt, sondern vielseitiger einsetzbar. Die Schaufel, die ich besitze und die ich in einer Eisenhandlung in Argentinien erstanden habe, ist ein Kleinod. Sie hat eine Pfanne aus Stahl und einen kurzen hölzernen Stiel. Sie ist wesentlich stärker als billige Aluminiummodelle, und man kann sogar mit ihr Löcher ins Eis graben. John Evans schrieb, nachdem er den unglaublich langen und schwierigen Hummingbird-Grat am Mount Logan in Kanada gegangen war: „Ohne die Schaufeltechnik, die inzwischen zu einer Wissenschaft geworden ist, wären wir nicht vorwärts gekommen. Der Führende, der nur selten seinen Pickel aus dem Rucksack nahm, benutzte hauptsächlich den Eishammer, Firnhaken, Felshaken und die Schippe der Schaufel. Mit letzterer konnte er schnell kleine Wächten abhauen oder mit einem einzigen Schlag eine bequeme „Badewannenstufe" in dem harten Schnee aushauen."

Watet man mühsam im tauenden Frühlingsschnee, mag einem der Gedanke kommen, wie gut sich Skier für alle Arten weichen Schnees eignen würden. In der Tat bietet der Ski Lösungen für einige unerfreuliche Probleme – angefangen vom knietief aufgeweichten Schnee über Bruchharsch bis zum Faulschnee, dessen ganzen Schrecken nur der Bergsteiger zu Fuß erlebt. Die Firma Salewa in München fertigt spezielle Hochtourenskier. Sie sind breiter und kürzer (120 Zentimeter) als Alpin- oder Langlaufskier. Mit Bindungen, die man von Aufstieg auf Abfahrt umstellen kann, und Fellen oder bestimmten Wachsschichten, sind sie ideal für den weichen Frühlingsschnee. Ich würde niemals den Mont Blanc oder den Mount Rainier früh in der Saison ersteigen, ohne ein Paar Skier mitzunehmen, auf denen ich anschließend abfahren kann.

Ein unentbehrliches Hilfsmittel des Bergsteigers in den Alpen ist eine Stirnlampe. Ohne sie ist ein früher Aufbruch nur im hellen Mondschein möglich. Am besten trägt man die Batterien so nah wie möglich am Körper, um sie warm zu halten. Bei Körpertemperatur sind sie viermal wirkungsvoller als bei Kälte.

Benutzt man eine Schleifmaschine, um seine Geräte zu schärfen, muß man unbedingt darauf achten, daß der Stahl sich niemals überhitzt und verfärbt. Dies würde seinen Härtegrad senken und die Zacken ruinieren. Bei langen Unternehmungen oder Expeditionen sollte man am besten eine zweiseitige, dreikantige, gewalzte Feile mitführen. Die Frontalzacken werden nur von oben her in einem geraden Winkel gefeilt. Die Schaufel des Pickels wird nur an der Unterseite ebenfalls in einem geraden Winkel gefeilt. Die Seitenzakken der Steigeisen bearbeitet man nur an der vorderen und hinteren Seite. Meine Geräte feile ich rasiermesserscharf, um sie dann etwas abzustumpfen, um ein Umbiegen der Kanten zu verhindern.

*Gegenüber, Niki und Ian Clough bei der Querung des unteren Eishanges in der Matterhorn Nordwand.
Foto John Cleare.*

197

In den 50er Jahren war es das höchste Ziel jedes Bergsteigers, eine oder mehrere der großen Nordwände der Alpen zu machen – das Matterhorn, den Eiger oder die Grandes Jorasses. In den Staaten gab es nur eine einzige Nordwand, und das war die des Grand Teton. Sie war nur wenige Male bestiegen worden und meist mußte dabei irgendwo in der Wand biwakiert werden. Die wenigen Glücklichen, denen eine Besteigung gelungen war, erzählten von schrecklichem Steinschlag, vereisten Felsen, Schwierigkeiten beim Routenfinden und all den üblichen Problemen, mit denen man in einer typischen großen Nordwand konfrontiert wird. Sie war das amerikanische Kletterziel Nummer eins, und natürlich träumte ich davon, seit ich 1955 zu klettern anfing.

Ungefähr 1957 wurden Barry Corbet und ich von einem Fotografen, der über diese Tour für „Life" berichten sollte, angeheuert, um Lasten zu schleppen. Zwei schwerbeladene Pferde wurden am Amphitheater Lake entladen. Und wir mußten die ganze Ausrüstung auf unsere beiden Rücken nehmen. Für 25 $ pro Mann hatten wir die gesamte Zeltausrüstung für das Gipfelteam entlang des Black Dike den ganzen Weg hoch zum Upper Saddle zu tragen, eine Strecke von einigen Kilometern Länge und einem Höhenunterschied von 1000 Metern. Barry trug seinen Teil in einer einzigen Monsterladung, während ich mich entschloß, zweimal zu gehen. Diese harte Prüfung war für mich der anstrengendste Tag, den ich je in den Bergen verbrachte. Aber bei Einbruch der Dunkelheit hatten wir es bis zum Sattel geschafft und gingen sogar noch so weit, daß wir die Zelte aufschlugen und die Schlafsäcke für das Gipfelteam ausbreiteten. Wir wußten, daß sie erschöpft ankommen würden. Nun, einer von ihnen, Hans Kraus, war von unseren Bemühungen so beeindruckt, daß er später jedem von uns ein funkelnagelneues Kernmantelseil schickte, die vielleicht die ersten waren, die in den Vereinigten Staaten auftauchten.

Einige Tage später wurde ich aufgefordert, mit in die Nordwand hinauszuqueren, um dabei zu helfen, einige Szenen am Pendelquergang nochmals aufzunehmen. Wir querten die Owen-Spaulding Route bis zu der Stelle, wo sie auf das „Second Ledge" der Nordwand Route traf. Der Teton-Führer Dick Pownall erlaubte mir sogar, an der Schlüsselstelle der Querung, einem brüchigen, eisbedeckten Gully, zu führen. Ich konnte mein Glück, mit solch berühmten Kletterern in die Nordwand zu steigen und sogar zum Führen aufgefordert zu werden, gar nicht fassen!

Später, im August 1958 hatte ich endlich so viel Mut, die ganze Tour selbst zu versuchen. Jack Davis und ich brachen vor Einbruch der Dämmerung auf, um den Steinschlag, der aus der rechten Seite der Wand kommt und über den ganzen unteren Teil der Route streut, zu vermeiden. Für den Bergschrund seilten wir uns an. Da es oberhalb wieder ziemlich einfach aussah, gingen wir ohne Seil weiter, bis wir den schlüpfrigen „Guano Chimney" kurz unterhalb vom „First Ledge" erreichten. Hier fanden und benutzten wir einige von Paul Petzoldts alten Bandeisenhaken, die er bei seiner Erstbesteigung gesetzt hatte. Die Wand war trocken, und wir umgingen auf dem Band leicht das Eisfeld. Wir hatten fast keine Probleme, um über den Pendelquergang oder die berüchtigte „Traverse" in das „V" zu kommen. Bevor wir überhaupt zum Denken kamen, standen wir auf dem Gipfel. Das Ganze hatte weniger als sechs Stunden gedauert.

Einige Tage später stand ich in einem Buchladen in Jackson, als ich einigen Leuten zuhörte, die über die kürzlich stattgefundene, schnelle Besteigung der Nordwand sprachen. Ich war sehr zufrieden, einen Traum verwirklicht zu haben und in jeder Hinsicht erfolgreich gewesen zu sein. Aber unsere Leistung war getrübt – wir hatten sie viel zu leicht erreicht. Das Ideal, das ich vor Augen hatte, stellte sich als zu weit von der Realität entfernt heraus. Es ist, wie wenn man die perfekte, unberührbare Frau begehrt: Manchmal ist es besser, ihr nicht zu begegnen. Genau in dem Moment beschloß ich, aus der Nordwand des Grand Teton doch eine wirklich perfekte Sache zu machen.

Ich wartete bis nach einem großen Sturm im späten September des Jahres 1959, um zur Wand zurückzukehren, diesmal mit Ken Weeks und Fred Beckey. Die Wand war von oben bis unten mit Schnee und Eis gepflastert. Wir kletterten im unteren Teil unangeseilt, waren aber bald gezwungen, Steigeisen anzulegen. Die Petzoldt-Haken schienen mir nun durch eine Schicht schmutzigen, schwarzen Eises entgegen. Es war kalt – weit unter dem Gefrierpunkt – und manchmal mußte ich meine Füße aneinander schlagen, um die Blutzirkulation wieder in Gang zu bringen. Wir waren nicht in der Lage, das „Direct Finish" zu machen, weil eine gewaltige Menge Eis den Beginn der „Traverse" in das große „V" versperrte. Es war fast dunkel, als wir den Gipfel erreichten, und der Himmel war pechschwarz, als wir in eine Höhle krochen, um dem schrecklichen Wind zu entgehen. Seither habe ich schon viele Biwaks hinter mich gebracht, aber dies war die kälteste Nacht, die ich je erlebte. Wir hatten keine richtige Biwakausrüstung, und so mußten wir die ganze Nacht wach bleiben, um unsere Füße zu massieren. Als schließlich die Dämmerung kam, lockerten wir unsere steifen und müden Körper und stiegen ins Tal ab.

Ein paar Jahre später machte Janie Taylor die Wand in Shorts und leichten Kletterschuhen, aber das war schon in Ordnung. Ich habe ja auch bekommen, was ich mir von der Nordwand erwünscht hatte.

Foto Tom Frost

10
Stil und Ethik

Die Herausforderung

Wir sind der homo sapiens, der Werkzeug-Mensch. Wir tragen diesen Namen deshalb, weil wir Geräte entwickeln, die es uns erlauben, die Welt um uns herum zu beeinflussen. Dieser verstärkte, technologische Einfluß bringt ein wachsendes Machtbewußtsein mit sich. Wir nennen diese Vorzugsstellung, die uns vor der Wildnis schützt, Zivilisation. Unsere Sicherheit wächst, je mehr wir unsere Technologie einsetzen. Aber gleichzeitig bemerken wir eine wachsende Entfremdung gegenüber der Erde. Wir drängen uns in den Städten, die den Rhythmus unseres Planeten ausgesperrt haben – Tagesanbruch, Ebbe und Flut, strähnige Cirruswölkchen hoch am Himmel, die den morgigen Sturm ankündigen, Mondaufgang, das Sternbild des Orions, das zu Beginn des Winters nach Süden zieht... Das Wahrnehmungsvermögen verkümmert, und wir geben uns schließlich damit zufrieden, im Schatten der Sicherheit ein Abstumpfen des Gefühls zu akzeptieren. Trunken vor Macht bemerke ich, daß ich von Sinnen bin. Ich, der Werkzeug-Mensch, ich sehne mich nach der unmittelbaren Berührung, die meine Sinne wieder schärft, mich wieder der Welt näher bringt, denn ich habe in all meiner Sicherheit vergessen, wie man tanzt.

Also segeln wir ohne Motor hinaus aufs weite Meer, in der Hoffnung, den Wind zu fühlen; wir lassen den Jeep zurück und durchstreifen die Wüste, um die Sonne zu spüren. Wir sind ständig auf der Suche nach einer vergessenen, heilen Welt. Wir paddeln auf unseren Surfbrettern immer wieder hinaus aufs Meer, dann wenden wir, um auf der Brandung dem Land entgegen zu reiten, auf den Wellen gehend, um uns mit den Wellen zu bewegen, während der Duft der wilden Blüten von einer leichten Brise herübergeweht wird. Dabei suchen wir nicht, was unsere Werkzeuge für uns tun können, sondern welcher Gefühle wir ohne sie imstande sind, was wir direkt begreifen können. Wir lernen, wie weit wir gänzlich ohne Hilfsmittel in diese unwahrscheinliche Welt eindringen können. Die Wahl, dieses Spiel in der senkrechten Dimension dessen, was von der Wildnis noch übrig geblieben ist, zu spielen, macht uns zu Bergsteigern. Nur auf Grund des Übermaßes an Wohlstand und Freizeit kehren wir freiwillig zur unsicheren und unbequemen Natur zurück.

Gegenüber, Paul Braithwaite und Jeff Lowe am Ben Nevis. Piolet traction (Zugtechnik) wird hier sicherlich zu recht angewandt.

Der Alpinismus ist ein Symptom des nachindustriellen Menschen. Einige Bergsteiger behaupten, daß die Benutzung moderner Ausrüstung und Techniken (wie die *„piolet traction"* Technik) das Abenteuer, das in den klassischen Eisanstiegen gefunden werden kann, herabsetzt. Sie vergessen jedoch, daß der gekrümmte Pickel, starre Steigeisen und *„piolet traction"* speziell dafür entwickelt wurden, um steileres und härteres Eis in besserem Stil klettern zu können. Sie wurden nicht erfunden, um die normalen Schwierigkeiten der klassischen Routen zu entwerten. Geräte und Hilfsmittel können die Notwendigkeit, ausgefeilte Techniken und langjährige Erfahrung einzusetzen, vermindern und haben dies auch getan. Anstatt sich mit guter Technik langsam die klassischen Routen hochzuarbeiten, haben es die Kletterer heute sehr eilig, und in der Tat können ja die neuesten Modelle der Geräte diese Routen wirklich leichter machen. Die meisten körperlich trainierten Menschen können lernen, sich am ersten Tag, an dem sie Steigeisen tragen, selbst senkrechtes Eis hochzuhieven, und als Folge davon wird das Eisklettern immer beliebter. Unweigerlich bedeutet dies, daß die spezialisierten Geräte mißbraucht werden können, und das wirkliche Abenteuer des Eiskletterns verloren gehen kann.

Im Eis ist die Art, wie man klettert für andere nicht so wichtig wie im Fels. Klettert man im Fels in schlechtem Stil, kann man die ganze Route für künftige Seilschaften ruinieren, manchmal sogar für immer (wie bei der Anwendung von unnötigen Bohrhaken). Eis erneuert sich selbst, und es sollte eigentlich niemand anderes etwas angehen, was man damit macht. Sogar eine Reihe von „Badewannenstufen" wird in ein oder zwei Tagen ausgeschmolzen sein. Und dennoch ist uns der Respekt unserer Kameraden wichtig. Und wenn schon aus keinem anderen Grund, als zu unserer eigenen Zufriedenheit und Freude, müssen wir Regeln für das Spiel aufstellen, sodaß wir uns zumindest nicht selbst betrügen.

Die Spielregeln ändern

Ein Bergsteiger, der von den alltäglichen Schwierigkeiten der klassischen Anstiege enttäuscht und vom ständig wiederholten Frontalzackengehen gelangweilt ist, hat sehr wohl einige Alternativen. Er kann die Anstiege unter schwierigeren Verhältnissen oder in besserem Stil machen, oder er kann schwierigere Touren gehen. Schwierigere Verhältnisse findet man im Winter oder in der Mitte des Sommers eines Schlechtwetterjahres vor. Vor ein paar Jahren noch galten die Verhältnisse der großen Schnee- und Eiswände der Alpen als „schlecht", wenn die Wände im August sich in Eis verwandelten. Heutzutage werden die Verhältnisse von einigen Kletterern erst dann als „gut" angesehen, wenn die Wände endlich vereist sind.

Bei winterlichen Verhältnissen muß man mit schwierigeren Anmarsch-
wegen, schwereren Lasten, Lawinengefahr, sprödem Eis und
gefühllos machender Kälte kämpfen. Da die Verhältnisse in den
Eisrouten zwischen Sommer und Winter oder sogar von einem Tag
auf den anderen so stark schwanken, erscheint jeder Versuch, eine
Bewertung für sie einzuführen, sinnlos. Wer das Zero Gully in
Schottland unter perfekten Schnee/Eisverhältnissen hochrennt und
denkt, daß es überbewertet ist, sollte ein anderes Mal wiederkom-
men, wenn es mit dünnem, klarem Wassereis überzogen ist, und
man in der ersten Seillänge keine Zwischensicherung anbringen
kann.

In besserem Stil klettern, kann heißen, keine Stufen zu schlagen, auf
künstliche Hilfsmittel zu verzichten, weniger Ausrüstung zu benützen oder allein zu klettern.

Ein Alleingang braucht nicht ein Spiel mit dem Tode oder gar eine
„verzweifelte" Art zu klettern sein. In Wirklichkeit kann es sich für
den erfahrenen Eisgeher als die sicherste und logischste Möglichkeit,
die klassischen Eisrouten zu machen, erweisen. Ein Kletterer, der an
gut verankerten Geräten in *„piolet traction"* hängt, ist ausreichend

Henry Barber und Rob Taylor am Beginn des
150 Meter hohen Vettefossen, Norwegen.
Fotos Tomas Carlstrom.

selbstgesichert, um durchaus rechtfertigen zu können, daß er auf
einer Standardtour bei halbwegs vernünftigen Verhältnissen auf die
Sicherung durch ein Seil verzichtet.

Der größte schottische Alleingänger im Eis, Patey, hat ein höchst
literarisches (wenn auch wenig ernsthaftes) Plädoyer für den Alleingang in seinem Buch „*One Man's Mountain*" gehalten:

> „Hin und wieder ist es sehr erfrischend, allein zu klettern.
> Der Alleingang wird jedoch aus alter Tradition abgelehnt.
> Deshalb will ich versuchen, ihn zu verteidigen. Es gibt zwei
> Grundregeln beim Bergsteigen: 1. Der Führende darf nicht
> stürzen. 2. Der Führende muß so klettern, als ob das Seil
> nicht da wäre. Die erste Vorschrift leuchtet jedem ein.
> Wozu sollte der Sturz eines Führenden gut sein, außer dazu,
> dem Nachkommenden etwas Sicherungspraxis zu ver-
> schaffen. Was die zweite Vorschrift betrifft, so gibt es nur
> eine Möglichkeit, sicherzustellen, daß der Führende so
> klettert, als ob kein Seil da wäre – man muß das Seil
> wegnehmen. Nun, es ist ebenfalls eine Tatsache, daß zwei
> Männer, die unangeseilt klettern, nicht sicherer sind als
> einer. Ergo-die beste Lösung ist es, allein zu klettern."

Die schwierigste Eisroute ist noch nicht erstiegen worden. Vielleicht
wird es ein Schwarzeisgully im Himalaya, ein gefrorener 1000 Meter
hoher Wasserfall in Alaska oder eine senkrechte, rauhreifbedeckte
Wand in der Arktis sein. Jedenfalls wird es immer eine noch schwierigere Route geben, die man machen kann. Der frustrierte schottische Eisgeher kann jede Menge neuer Gullies in Norwegen finden.
Die versteckten Couloirs und Eisrunzen der winterlichen Alpen sind
bisher kaum berührt worden. In anderen Worten, es gibt noch eine
Menge Möglichkeiten für den kreativen Eisgeher, der seine eigene
Trommel rühren möchte.

Für jene, die es vorziehen, in den schon vorhandenen Routen zu
bleiben, müssen die Spielregeln ständig geändert werden, um mit
der sich ausweitenden Technologie Schritt halten zu können. Sonst
würden wir die klassischen Routen vernichten und uns selbst betrügen, indem wir denken, wir wären bessere Bergsteiger als die
Pioniere.

Der technologische Zwang, unter dem der industrielle Mensch
steht, bestand immer in der einfachen Formel: Falls man etwas
machen *kann,* dann *sollte* man es auch tun. Es gibt keine Wahl; wenn
etwas möglich ist, muß es auch richtig sein. Der moderne Mensch,
versklavt von seiner technischen Vorstellungskraft, schaufelt Kohle
in eine Lokomotive, die sich schon längst selbständig gemacht hat.
Aber die Technik sollte ihn freisetzen, ihm Entscheidungsmöglich-
keiten eröffnen, anstatt ihm welche zu diktieren. Die Ablehnung
einer möglichen Technologie ist der erste Schritt zur Befreiung aus

204

diesem Zwang und gleichzeitig auch dazu, menschliche Werte wieder zu gewinnen. Die ganze Entwicklung des Kletterns läuft entgegen dieser technologischen Richtung. Persönliche Fähigkeiten wie Initiative, Kühnheit und Technik werden hier von den Werkzeugen unterstützt und nicht unterdrückt.

In den letzten paar Jahren, als ich selbstsicherer und ausgewogener im Gleichgewicht auf dem Eis geworden bin, beobachtete ich mich selbst dabei, wie ich meine Technik erweiterte. So zum Beispiel benutzte ich nur den Pickel, um mich in steilerem oder spröderem Eis zu halten. Mein Eishammer blieb ganze Seillängen oder ganze Tage lang im Köcher. Dies ist die technologische Inversion: Weniger Geräte werden mit wachsender Feinfühligkeit angewendet. Ich wurde dafür belohnt, auf diesem steilen Grat zu gehen, konnte klarer erkennen, was um mich vorging und intensiver fühlen, was aus mir kam. Thoreau hat einmal gesagt: „Die Vereinfachung der Mittel und die Erhöhung der Zwecke ist das Ziel." Es ist unvermeidlich, daß beides Hand in Hand geht. Der Felskletterer geht in die gleiche Richtung, wenn er sich vom künstlichen zum freien Klettern bekehrt, von der Benutzung von Haken abwendet, um die zwar weniger sicheren, aber natürlicheren Sicherungsmöglichkeiten des reinen Kletterns anzuwenden. Aus vielen klassischen Routen werden die Haken entfernt und die Kletterer gezwungen, ihren Weg selbst zu finden und ihre eigene, natürliche Sicherung anzubringen. Was augenblicklich im Eisklettern geschieht, ist ein zeitweiliges Ungleichgewicht der Werte. Die Eisrevolution hat all die neue Technologie mit sich gebracht, jedoch haben die Bergsteiger noch nicht gelernt, sie unter Kontrolle zu bringen. Einige sind der Ansicht, daß es ein Rückschritt wäre, die klassischen Routen nur mit einem Pickel und Steigeisen zu ersteigen, aber in Wirklichkeit müßte der Verlust jener Sicherheit, die ein zusätzlicher Pickel oder Hammer gebracht hätte, durch echte Technik ersetzt werden, und man müßte wieder das Gleichgewichtsgefühl und das Gefühl für das Haftvermögen beherrschen lernen, die der Schlüssel zum natürlichen Eisklettern sind.

Es wäre schön, wenn der Mensch so frei im Eis klettern könnte, wie ein Affe auf Bäumen oder im Fels. Unglücklicherweise ist das Eis für den Menschen keine natürliche Umgebung. Um auf ihm zu gehen, benötigt er Geräte und Ausrüstung. Wenn sich schließlich die Eiskletterer von ihrem Glauben an die Technologie loslösen, werden sie die körperliche Freiheit wiedergewinnen, die für das freie Klettern im Fels so charakteristisch ist – jenes Gefühl, daß jedesmal ein neuer Plan entworfen werden muß. Zusammen mit dieser Freiheit erhält der Eiskletterer eine neue Belohnung – das seltene Privileg, weit entfernt zu sein von der verrückt machenden Menge.

KOMPENDIUM DER FRANZÖSISCH – DEUTSCHEN BEGRIFFE

pied	–	Fuß
pied à plat	–	Flaches Aufsetzen der gesamten Fußsohle
pied assis	–	Ruheposition, der äußere Fuß wird so in den Hang gestellt, daß man darauf sitzen kann.
pied en canard	–	V-Förmige Fußstellung. Wörtlich: Entengang
pied marche	–	Normales Gehen, marschieren
pied troisième	–	Ein Fuß steht auf den Frontalzacken, der andere wird flach auf den Hang (pied à plat) gesetzt.
piolet	–	Pickel
piolet ancre	–	Ankerpickel
piolet appui	–	„appui" = Unterstützung. Pickelhaltung, bei der im Abstieg Haue und Dorn nur auf dem Hang aufliegen.
piolet canne	–	Spazierstockpickel
piolet manche	–	Einrammen des Pickelschaftes bei quergehaltenem Pickel
piolet panne	–	Stütztechnik
piolet poignard	–	Drucksicherung
piolet ramasse	–	Pickelausleger
piolet rampe	–	Geländerpickel
piolet traction	–	Zugtechnik